Quentin Quencher

Chlorhähnchen
esse ich jederzeit

Aufzeichnungen

Bibliografische Information der Deutschen Nationalbibliothek. Die Deutsche Nationalbibliothek verzeichnet diese Publikation in der Deutschen Nationalbibliografie; detaillierte bibliografische Daten sind im Internet über www.dnb.de abrufbar.

Herstellung und Verlag:
BoD – Books on Demand, Norderstedt.

ISBN: 9783744895590

Covergestaltung, Satz und Layout:
Quentin Quencher

Für Ludivina

… Aber möglicherweise bin ich auch nur ein ver-
kappter Anarchist, der niemandem das Recht ein-
räumt, Befehle zu geben. Zumindest mir nicht.
Denn erst als mir klar wurde, wie Befehle auf mich
wirken, erkannte ich, dass ich nicht ein Liberaler
oder ein Libertärer bin - so hätte ich mich gerne ge-
sehen - sondern eher ein Anarchist, einer der die
Gewalt des einen über den anderen ablehnt. Um
ehrlich zu sein, ein bisschen ängstigt mich dieser
Gedanke, …

QQ

September 2015

Der Öko ist humanophob und sehnt sich nach seiner Auflösung in der Natur, wünscht sich sein eigenes Verschwinden. Nicht Teil der Natur will er sein, damit würde er ja weiter existieren und seine Umwelt beeinflussen, nein, nichts soll bleiben, Natur selbst soll er werden. So wie er sie sich vorstellt: Beseelt. Als Antwort auf Anfang und Ende. Parallelen zum Nirwana sind nicht zufällig. Nur im Wunsch des Aufgehens in der Natur, entwickelt der Ökologismus seine volle spirituelle Wirkung.

Ich brauche Distanz, mehr Distanz. Zu allem was nach mir greift. Ich will mich nicht immer gegen das emotionale Grapschen wehren müssen.

Respekt ist das Schlüsselwort zur Freiheit. Ich muss den Anderen nicht verstehen, er muss mich nicht verstehen, wir müssen gar nichts verstehen, nur respektieren. Alles weitere, das Emotionale, das Verständnis, der Hass, die Liebe, all das kommt später, kann auf Respekt aufbauen. Doch er ist der Anfang im Miteinander. Ich fordere ihn ein und verteidige damit meine Freiheit. Ich gewähre ihn, und gewähre damit dem Anderen seine Freiheit.

Vielleicht sollten wir die Entwicklungs- und Veränderungsfähigkeit von Gesellschaften danach beurteilen, wie lange Tabus ihre Gültigkeit besitzen. Oder auch die Selbsterhaltungskräfte der Gesellschaft danach einschätzen, welche Tabus über lange Zeiten gelten.

So möchte sich Putin gerne sehen: Als Johann III von Polen, wie der 1683 die Belagerung Wiens durch die Türken beendete. Aus dem Osten kommt die Rettung, weil der Westen dekadent und verweichlicht geworden ist, davon ist man nicht nur in Russland überzeugt.

Amazon, eBay und Co. treiben mir das Einkaufen im Internet aus. Immer wenn ich auf deren Seiten was suche, verfolgen die mich anschließend mit entsprechender Werbung. Das ist in etwa so, als wenn mich der Schuhverkäufer, bei dem ich nur anprobiert aber nicht gekauft habe, in den Supermarkt, in die S-Bahn und bis nach Hause verfolgt um mir seine Latschen anzudrehen.

„Die Zensur ist nicht das größte Übel, das schlimmste sind die Auswirkungen der Zensur, die Selbstzensur. Die einem das Rückgrat krümmt, die den Charakter zerstört. Man muss ständig das eine denken und das andere sagen. Man muss sich ständig unter Kontrolle haben, man hört auf ehrlich zu sein, man wird zum Heuchler. Und genau das wollte man."

(Milos Forman)

Oktober 2015

Oh diese kinderlosen Fünfziger, die nun die ganze Welt adoptieren müssen, um ihr Defizit zu kompensieren. Haben sie doch Kinder, so haben sie Angst vor ihnen und umarmen doch lieber die ganze Welt.

Kündigt ein Diktator etwas an, wird es meist schlimmer als angekündigt. Kündigt eine Demokratie etwas an, wird es meist halb so schlimm.

Wenn eine Staatsgrenze gesichert wird um unerwünschtes Eindringen ins Staatsgebiet zu verhindern, dann schützt dies die Bürger des Staates. Wird die Staatsgrenze gesichert um unerwünschtes Verlassen des Staatsgebietes zu verhindern, dann entmündigt es die Bürger zu Häftlingen. Wer setzt denn eigentlich immer wieder diese beiden verschiedenen Grenzsicherungen gleich? Leider fast alle, die links sowieso.

Merkel-Astrologie, oder Merkelogie, das ist der Versuch mit Deutungen, aus den Äußerungen der Kanzlerin, ihren Gesten und ihrer Kleidung, herauszubekommen, was sie eigentlich will und was es für uns bedeutet.

Gute Angst ist die vorm Klimawandel, Genfood, Atom, Chemie. Böse Angst ist die vor Masseneinwanderung, Fremdbestimmung, Heimatverlust. Gut und Böse sind auswechselbar, und werden vertauscht, wenn es die politische Opportunität erfordert.

Gerade im Radio, in den Kurznachrichten: „Mehrere Unionspolitiker wollen die Bundeskanzlerin dazu drängen, die Grenzen zu schließen!" Hmm, haben wir jetzt einen Absolutismus, in dem die Königin machen kann was sie will? Beispielsweise die Grenzen schließen. Vielleicht ist es so, aufmachen konnte sie sie ja auch.

Bereits an der Frisur der Kundin war erkennbar, was sie im Supermarkt einkaufen wird. Stylisch - Aha – Bingo, ich wusste es: BIO.

Was macht man nur mit Leuten, die den Unterschied zwischen Bukowski und Buschkowsky nicht kennen? Den zwischen Kunst und Politik. Man mag Akifs Kunst Scheiße finden, diese mit Politik zu vergleichen ist Unsinn.

Mich interessiert weniger wie oder was Etwas ist, sondern wie Es empfunden wird. Wie ich Es empfinde, oder wie ich mir vorstellen kann, wie man Es empfindet.

November 2015

Alle reden von den Flüchtlingen. Ich will auch, ich will auch mitmachen, quaken Hendricks und die Genossen Klimaschützer im Chor. Ich will auch ein Stück dieser Aufmerksamkeit, auch wir haben Flüchtlinge zu bieten. Doch diese Flüchtlinge der Klimaschützer sind nur eingebildete, sie existieren nicht, nur in den Köpfen der Aktivisten. Genauso wie der Klimawandel als Problem nur in deren Köpfen zu finden ist, und in manchen Computern. Nun müssen wir uns eben ein paar reale Flüchtlinge stehlen, sagen sich Hendricks & Co., es gibt ja gerade genug davon, sonst geraten wir nur mit unseren imaginären Problemen in den Hintergrund.

Ich stelle mir gerade Helmut Schmidt auf einer Wolke zusammen mit Franz Josef Stauß vor. Im Himmel ist es jetzt nicht mehr langweilig.

Mit Demonstrationen kann ich nichts anfangen, sie verstören, manchmal ängstigen sie mich gar. Das gilt auch für solche Demos deren politische Grundrichtung ich eigentlich teile. Diese Verdichtung auf Parolen widert mich an. Parolen, die dann Befehle sind, Befehle zum marschieren oder zum weggehen, aus dem Weg zu gehen, wenn man zu den Gegnern der Demo gehört. Wie alte Schlachtordnungen kommt es mir vor, in Gruppen, dicht an dicht, marschieren sie aufs Feld und der Trommler gibt den Takt der Schritte vor. Die Sprechchöre und die Parolen sind die Trommeln, sie halten die Demonstranten in Bewegung und hindern sie gleichzeitig daran zu reflektieren was mit Ihnen vorgeht. Von welchem Geist sie erfasst und in welche Richtung sie geführt werden.

Zitate nerven nur noch, ob von Helmut Schmidt oder vom Papst, es ist egal. Eine schreckliche Faulheit macht sich breit, in dem die eigenen Standpunkte mittels Zitate begründet werden. Als ob das irgendeine Herleitung wäre.

Es sollte eine theatralische Geste sein. Eines unserer Kinder ging auf die Knie vor der Mutter, meiner Frau also, um irgend etwas zu erbitten. „Steh sofort auf," baffte sie das Kind an. „Auf die Knie geht man nur in der Kirche, nur vor dem Herrgott, niemals vor Menschen." Was werden die Kinder aus diesem Vorfall lernen? Im täglichen Leben meine ich, jenseits religiöser Überzeugungen. Hoffentlich das: Selbsterniedrigung ist kein Weg zum Erfolg.

Als die RAF die Repräsentanten des Staates und der Gesellschaft direkt bedrohten, wurde schnell und umfassend gehandelt. Der islamische Terror heute bedroht die gesamte Gesellschaft direkt, physisch wie psychisch, doch das scheint nebensächlich, nicht mal ne Grenzschließung bekommt man in Deutschland hin. Aber dieser Terror trifft ja auch die kleinen Leute, die Fußballfans, die Kaffeehausbesucher, die Bahnfahrer. Die Repräsentanten des Staates sind nur indirekt betroffen, bei der nächsten Wahl vielleicht?

Es war mal eine Zeit, da gab es einen Radikalenerlass in der Bundesrepublik. Heute sitzen die die es betraf an den medialen und politischen Hebeln und erklären alle andern zu (Rechts)Radikalen.

All die Probleme die Andrea Merkel als wichtig erachtet, lassen sich nur multinational lösen, manche nur global. Mit nationalen Lösungsversuchen ist dem nicht beizukommen. Aber nationale Antworten auf die Probleme dieser Welt zu geben, bedeutet, nicht diese zu lösen, sondern sich vor den Auswirkungen dieser zu schützen. Wer globale Probleme mir nationalen Antworten lösen will, ist einer Hybris anheim gefallen. Wer sich national nicht vor mittelfristig unlösbaren Problemen schützt, handelt verantwortungslos. Es ist dieser Mix aus Hybris und Verantwortungslosigkeit, der Merkels Politik fürs Land so gefährlich macht.

Dezember 2015

Wer meint der Einsatz der Grünen für die Pädophilen ist dem Grund geschuldet, weil es dort mehr Kinderficker gibt als anderswo, verkennt, dass es den Grünen immer darum geht, traditionelle Strukturen aufzubrechen, um neue schaffen zu können, die dann mit eigenen Inhalten und Ideologien ausgekleidet werden. Ziel des Angriffs ist die Familie, hier werden Werte, Traditionen und Zugehörigkeiten gebildet und vermittelt die das ganze Leben prägend wirken. Da will man ran, um den neuen Menschen zu formen, damit es gelingt die Institution Familie durch ein genehmes Konstrukt zu ersetzen, oder wenigstens die Bedeutung der Familie zu relativieren.

Bei den Kleinen auf dem Spielplatz. Dort stehen diese Klettergerüste aus Seilen in Form von Pyramiden. Eltern oder Großeltern stehen unten, scheißen sich vor Angst fast in die Hose, wenn die Bälger mal einen Meter weiter hoch klettern. „Sei vorsichtig, halt dich gut fest!" Ich sehe den Kindern in die Augen und ins Gesicht, und entdecke die Angst der Eltern wieder. Helikoptereltern betreiben Kindesmisshandlung.

Mein Denken gleicht einem Puzzle. Ich lasse die Bilder und Assoziationen auf mich einwirken und beginne dann, sie danach zu ordnen, was der Form nach zueinander passt. Oft stammen die Teile aus verschiedenen Puzzles, die eigentlich nicht zusammengehören. Noch nie habe ich eines fertig bekommen, noch nie hat es ein fertiges Bild gegeben, immer ist irgend ein Teil dabei, was zwar scheinbar passt, aber doch ganz wo anders hin gehört. Manchmal aber, durch die Vermischung der Teile, entsteht ein ganz neues Bild, eines was nicht vorhersehbar war und für das es auch keine Vorlage gibt.

Vorsicht vor den spontanen Konnotationen, sie wirken oft wie Schubladen, als Automatismus zum (ab)urteilen in gut und schlecht und verstellen den Blick auf das Wesen einer Sache.

Generell mag ich es nicht, wenn meine persönlichen Interessen einer großen gemeinschaftlich zu verwirklichenden Idee untergeordnet werden sollen. Leute mit großen Ideen sehen so gern in die Ferne, glauben die Welt jenseits des Horizont zu sehen, und vergessen dabei die Nähe.

Ich warte darauf, dass mich die Kinder zu »Star Wars« ausfragen, und habe mir schon die Argumente zurecht gelegt, um zu begründen, warum ich kein Fan von Sciencefiction bin, mir auch früher selten einen dieser

Filme angeschaut habe und es auch voraussichtlich nie mehr tun werde. Doch die Kids kommen nicht, es scheint sie nicht zu interessieren. Entweder »Star Wars« nicht, oder meine Meinung dazu.

Januar 2016

Den Handschuh vom alten Schiller, oder den Zauberlehrling vom alten Goethe, wir durften uns aussuchen, welches von beiden Gedichten wir auswendig lernen und im Deutschunterricht vortragen wollten. Ich hatte mich für den Handschuh entschieden. Damals, als Kind. Heute würde ich den Zauberlehrling wählen.

Warum hadere ich nur mit dem Liberalismus? Alle seine Ideen, die Werte, Freiheit insbesondere, finden meine Zustimmung. Er ist für mich keine politische Idee, sondern ein Wertekompass nach dem ich mich versuche zu orientieren. Im hier und heute, im täglichen Leben. Das klappt natürlich nicht immer, dann habe ich aber meine Gründe dafür, Werte stehen eben nicht gleichberechtigt nebeneinander, sondern werden individuell gewichtet. Manchmal verlasse ich nämlich den Bereich der kühlen Rationalität und der Liberalismus erscheint nur noch als eine erstrebenswerte Idee, die mir aber nichts erklärt und keine Antworten auf meine Fragen geben kann.

Ich muss an Gartenzwerge denken, in den letzten Tagen. Sehnsucht nach etwas was ich eigentlich immer verachtete.

Ein Mythos wird in diesen Tagen geboren. Junge Menschen, Araber, haben ihre Macht zur Schau gestellt. In Köln und anderswo. Dies wird als Erzählung weiter gegeben werden und eine identitätsstiftende Erinnerungskultur kreieren. Massenzusammenkünfte dieser Art, bei der die eigene Macht gespürt wird, werden den Wunsch nach einer Wiederholung von diesem Machtgefühl verstärken. Das ist bei Protestdemos so, bei Krawallen zum 1. Mai, bei Hooliganaufläufen oder bei Gewaltausbrüchen nach Fußballspielen. Der identitätsstiftende Charakter solcher Massenzusammenkünfte wird in Erzählungen weiter gegeben werden und dabei immer das Bedürfnis nach Wiederholung wecken.

Ich höre viel von Werten, das ist aber in Hinblick auf Integration von Flüchtlingen nur eine Seite der Medaille, wir müssen auch wieder mehr von Mentalitäten sprechen. Der Höcke von der AfD mag Unsinn erzählt haben, als er über die Reproduktion der Afrikaner sprach, vielleicht auch nicht, im Grunde aber, hat er etwas sehr Wichtiges angeschnitten: Die Mentalität. Nicht im biologistischen Sinne, wie es Nazis tun, sondern eher im kulturellen und soziologischen Denken. Wie will man andere Menschen verstehen, blendet man die Betrachtung ihrer Mentalität aus? Die Rede von den Werten ist eine oberflächliche Diskussion. Genauso die von den Religionen. Weiter traut man sich aber in einer Gesellschaft voller Denkverbote, wie der unseren, nicht hinaus, aus Angst vor den Meinungsklimawächtern nicht nur in der Presse. Der Rassismusvorwurf ist sofort im Raum, um in gewohnter Manier einen Diskurs zu verhindern. Allerdings, ohne die Betrachtung der Mentalität macht eine Rede von den Werten keinen Sinn, sie muss oberflächlich bleiben.

Als Kind habe ich mir nicht vorstellen können, dass wenn ich älter bin, dann nicht mehr auf Bäume klettern würde. Heute sehe ich keine Kinder mehr auf Bäumen. Wo entwickeln die heutigen Kids ihre Tagträume, wo sind die Orte an denen sie allein sind und sicher vor der Erwachsenenwelt?

Praktisch die ganze Nachkriegszeit haben sich die Deutschen darauf verständigt, so zu tun, als ob sie so seien wie sie gerne sein möchten. Wie sie sein möchten hat sich zwar geändert, je nach dem welches Bild gerade mehrheitlich opportun erschien, nicht aber, immer so zu tun, als wäre das Wunschbild Wirklichkeit.

Die Zeichnungen der Kinder, die ich heute morgen auf meinen Schreibtisch fand, lassen eine gewisse Vorliebe zum Kubismus erkennen. Das hat aber weniger mit meiner Kunstvermittlung an sie zu tun, sondern mehr mit

Minecraft.

1972 gilt als großes Gedenkjahr unter den erweckten grünen Reaktionären. Es wurde Reaktion mit Vision verknüpft.

Ist der Liberalismus nicht tief im Selbstverständnis des Volkes verankert, dann sollte sich ein Volk einen König wählen, an dessen Beispiel und dessen Verhalten es sich orientieren kann.

Weihnachten ist wie Amerika.

Der moralische Imperativ kommt in Gestalt eines moralischen Imperialismus deutschlinksgrüner Prägung daher.

Die AfD wird auf lange Sicht scheitern. Nicht wegen irgendwelcher radikaler Tendenzen oder wegen unterstellter rechter, gar rechtsextremer Vorwürfe, nein, sie wird scheitern an ihrer Spießigkeit.

Das Denken von der Zukunft als Katastrophe überwindet die ideologischen Grenzen. Bislang konnten es die Grünen weitestgehend für sich beanspruchen. Klimakatastrophe, das Ende der Welt wie wir sie kannten, wurde schon in den siebziger Jahren mit dem »Stummen Frühling« ausgerufen. Es folgten weitere apokalyptische Warnungen wegen der Kernkraft, dem Waldsterben, dem Ende der Ressourcen, Peak Oil usw.. Den neuen Rechten ist dieses Denken sehr vertraut, nur sind die Katastrophen andere: Verlust von Identität, Heimat, Tradition und Wohlstand.

Mit viel Mühe, mit pseudowissenschaftlichen Brimborium, haben die Grünen Hinweise auf die von ihnen vermuteten Katastrophen gefunden, und werden mit Hilfe der Medien seit Jahrzehnten nicht müde die Bevölkerung zu belehren. Die neuen Rechten haben es da einfacher, die Vorboten der von ihnen propagierten kommenden Katastrophen sind schon da, deutlich erkennbar im Flüchtlingszustrom, Verlust der Rechtsstaatlichkeit und der Aufgabe von Identitäten. Jeder kann es sehen und spüren, ganz im Gegensatz zu den Katastrophen der Grünen, die erst durch umständliche Erklärungsversuche deutlich werden. Und das auch nur als Imagenation.

Bis zur sogenannten Babylonischen Gefangenschaft war in den Schriften der Juden immer wieder von anderen Göttern oder Geistern die Rede. Auch Archäologen konnten die entsprechenden Hinweise finden, dass der Monotheismus doch zumindest partiell in Frage gestellt wurde. Nach der Verschleppung der Schriftgelehrten nach Babylon, beziehungsweise nach deren Rückkehr, findet sich allerdings kein Hinweis mehr, dass die Gläubigen noch nebenbei anderen Göttern huldigten. Das muss was bedeuten, wie sich Religion verändert, wenn sie den Ort ihrer Entstehung verlässt und abstrakt wird.

Vergleichbare Entwicklung auch im Islam. Erst in Jerusalem, mit dem Bau der Moschee, wurde Mohammed als Religionsstifter anerkannt, vorher hatte er mehr politische und machtpolitische Bedeutung. Ebenso beim Christentum, erst in der Fremde, in Rom und bei den Heidenchristen wurde es eine eigene Lehre, losgelöst von den Ursprüngen.

Das Elend begann, als die Deutschen auf ihr identitätsstiftendes Massensymbol der DMark verzichteten. Nun müssen bald wieder die Gebrüder Grimm herhalten, vielleicht auch der Simplicissimus, um den Deutschen wieder so was wie eine eigene Identität zu geben. Eine ähnliche Sinnsuche hatten wir schon mal, im 19. Jahrhundert, damals bekamen Mittelalteropern große Konjunktur.

Und ich, wenn ich versuche den Geist der deutschen Identität zu fühlen, dann gehe ich in romanische Kirchen oder Burgen. Manchmal auch in Technik- oder Naturkundemuseen, oder einfach in den Wald.

Es geht um den Kampf um Vorherrschaft in einem Multikulti-Gebilde. Hass gegenüber dem Anderen ist dann automatisch. Wenn sich heute wieder Hass in der Gesellschaft entwickelt, ist das ein Ergebnis der Willkommenskultur. Der Bogen wurde überspannt.

Neidisch blickt man in Sachsen immer nach Bayern, denen es gelang ihre Eigenständigkeit zu bewahren, zumindest scheinbar.

Praktisch die ganze Nachkriegszeit haben sich die Deutschen darauf verständigt, so zu tun, als ob sie so seien wie sie gerne sein möchten. Das »sein möchten« führte zur Verblendung über das Sein. Der Widerspruch von sein und sollen wurde aufgelöst, in dem sich die Deutschen so wahr nahmen wie sie glaubten sein zu sollen. Allerdings nicht in irgendeiner Form von Fremdbestimmung anderer, sondern durch den Verlust von vorher gängigen identitätsstiftenden Mythen. Wie sie seinen möchten hat sich zwar geändert, je nach dem welches Bild gerade mehrheitlich opportun erschien, nicht aber, immer so zu tun, als wäre das Wunschbild Wirklichkeit.

Eine Bottom-up-Bewegung, beginnend mit sowas wie Heimatkunde, könnte wieder eine realistisches Selbstbild hervor bringen. Ein deskriptives, in all seinen Widersprüchen. Die großen Dichter und Denker, die Feldherren und Könige, die großen Ideale, lieber mal beiseite lassen, sie gaukeln uns immer nur was vor, was allzu oft bereitwillig als eigene Identität angenommen wird.

Sowohl in der Kultur als auch in der Zivilisation ist Disziplin notwendig, wie die Akzeptanz einer definierten als auch undefinierten Werteordnung.

„Ich hab kalte Füße, darf ich unter deine Decke kommen?" Ich habe ihr eine Heizdecke gekauft und nun endlich meine Ruhe.

Für Bentham gibt es nur zwei anthropologische Grundkonstanten: Das Streben nach Freude, sowie die Vermeidung von Schmerz. Das Nützliche sollten wir also nicht nach praktischen zählbaren Fakten bewerten, sondern danach, ob es uns Freude bereitet.

Vielleicht ist die Diskussionskultur heute eben so miserabel, weil alles was gesagt und gedeutet wird, zum Grundsätzlichen aufgeblasen wird; anstatt mit einer gewissen Gelassenheit die Gedanken einfach laufen zu lassen, um zu sehen, was dabei raus kommt.

Vor Weihnachten machte ich mich auf, ein Resümee über meine Entwicklung als Skeptiker in der Klima- und Energiedebatte zu ziehen, und begann Texte von mir unter dem Titel »Im Bann der Skeptiker« zusammen zu stellen. Es sollte eine Bilanz des Denkens in dieser Kategorie werden, vom Zweifler an der Klimawissenschaft hin zum Kritiker des Ökologismus. Eigentlich war die Zusammenstellung der Texte fertig, alles Artikel die in den letzten Jahren auf Glitzerwasser, unter anderem, erschienen sind, und auch meine Erkenntnisschritte nachvollziehbar machen sollten. Nun wollte ich an die Korrektur gehen, eine Einleitung oder Vorwort schreiben, ein Nachwort als Ausblick in die Zukunft. Daran ist dann dieses Projekt gescheitert.

Ich habe das Projekt »Im Bann der Skeptiker« wieder verworfen, bin letztlich daran gescheitert, kein Vorwort hin bekommen zu haben. Ich hätte die Textauswahl unter einer anderen Überschrift ordnen müssen. Doch die Arbeit an diesem Projekt hat mir geholfen und verdeutlicht, wie weit ich mich innerlich bereits von der »Skeptiker-Alarmisten-Auseinandersetzung« in der Klimawandelfrage entfernt habe. So weit, dass es mir geradezu ekelhaft erschien, ein Vorwort dazu zu schreiben.

Es ist eine Illusion, zu glauben, Universalismus könnte als, egal welche Werte damit verbunden sind, als Basis einer Gemeinschaft gelten.

Universalismus geht immer mit Missionierung und/oder Konfrontation einher.

> *„Die Klicks für Kinderpornos sind in der islamischen Welt besonders hoch."*
>
> (Seyran Ates)

Merkels Bürgerforen sind so scheindemokratische Veranstaltungen, die ganz dem Drehbuch des WBGU-Gutachtens folgen.

Die Auseinandersetzungen um die Flüchtlinge heute wären nur halb so unterirdisch, hätte nicht eine Schweige-spirale frühere Dispute unterdrückt.

Demokratie lebt vom Streit, nicht vom Konsens. Im Konsens bildet sich nur Mitläufertum aus.

Wer es noch nicht bemerkt hat: Die Linken befinden sich im bewaffneten Kampf. Autos brennen, es wird geschossen und geprügelt.

Die EU kann nur als Imperium überleben, dafür fehlen aber die Voraussetzungen.

Wer assoziiert EU mit Heimat? Menschen die in ideologischen Konstrukten eine Heimat finden!

Journalismus ist konträr zu Kunst. Der Journalist beobachtet das Publikum, er macht sich Gedanken darüber, wie er was wie dem Publikum sagen kann. In der Kunst ist es umgekehrt, der Künstler wird vom Publikum beobachtet. Es macht sich die Gedanken darüber, was der Künstler sagt.

Ein Witz, gefunden im »Mohamed« von Hamed Abdel-Samad:

„Ein Metzger aus Bayern kommt in den Himmel. Petrus stoppt ihn an der Pforte und durchsucht seine Tasche. Er entdeckt darin eine große Weißwurst und fragt erstaunt, was dieses Ding sein soll. »Das ist meine Nahrung, ich kann ohne nicht leben«, antwortet der Bayer. Petrus verweigert ihm so lange den Eintritt, bis er in Erfahrung gebracht habe, was das sei. Der Himmelspförtner fragt Jesus, ob er dieses längliche Zeug identifizieren könne. »Nein, Petrus, frag doch meine Mutter, sie war häufiger auf dem Markt als ich und kennt sich mit Nahrungsmitteln besser aus«. Petrus fragt Maria, ob sie dieses Ding kenne. Die Mutter Gottes nimmt die Wurst in die Hand und tastet sie vorsichtig ab. »Gesehen habe ich so etwas noch nie, aber irgendwie fühlt es sich an wie der Heilige Geist«, sagt Maria."

Sich selbst auf die Schippe zu nehmen, ja sogar den eigenen Glauben, ist für Hamed Abdel-Samad, als er noch muslimisch-fundamentalistisch dachte und fühlte, unvorstellbar gewesen.

Der Streit um die AfD zeigt deutlich, wie dumm die von linksgrünen Gesellschaftsgestaltern angestrebte »Konsultative« ist.

Ich kann nicht »Mussorgski« hören, oder nur den Namen lesen, ohne an »Emerson, Lake and Palmer« zu denken.

Ob der Streit um die Flüchtlingspolitik eskaliert? Das ist schon längst passiert, die Ebene des Diskurses und der politischen Diskussion ist verlassen worden und wir befinden uns nun mehr auf der Ebene des Kampfes. Universalisten, wie Merkel eine zu sein scheint, geben die vom Nationalstaat geschützten Räume der Freiheit auf, dehnen diesen Raum zuerst bis auf Europa, dann weiter aus, geben damit aber letztlich die Freiheit preis. Sie universalisieren sie, ohne eine Vorstellung davon zu haben, wie Räume der Freiheit geschützt werden können. Denn nur in geschützten Räumen ist ein Diskurs möglich, lösen sich geschützte Räume auf, oder werden sie überdehnt, entwickelt sich ein Kampf um den Raum. Die Eskalation ist dann der Wechsel vom Diskurs zum Kampf.

Sciencefiction habe ich noch nie ernst genommen. Nette Unterhaltung, mehr ist das nicht. Allerdings dachte ich dies auch mal von Krimis, bis ich den ersten Dürrenmatt las. Und dann, über Umwege, wurde ich Fan von Friedrich Glauser und Andrew Vachss.

Was in TV-Talk-Runden gesagt wird, wird als Wirkung auf den Zuschauer sowieso überschätzt. Die Bilder sind entscheidender.

Die Flüchtlinge die jetzt kommen sind auch nicht das Problem, doch deren entwurzelte Nachkommen werden es sein, weder hier noch dort zugehörig. Siehe Frankreich und UK.

Die Wirklichkeit ist schlau, sie zeigt uns die Wege. Verschleierte Wirklichkeiten, so wie sie durch die Propaganda entstehen, zeigt Irrwege. Der Schlüssel liegt also im Erkennen der Wirklichkeit. Spätestens wenn man bemerkt, dass man sich auf einem Irrweg befindet, wird klar, das die Wirklichkeit eine andere ist, als die die wahr genommen wurde.

Gemeinschaften nutzen zur Selbstbeschreibung die Mystik. In Deutschland erfüllt der Moralismus diese Aufgabe. Dabei wird das beschreibende der Mystik in das wertende des Moralismus gewandelt.

Februar 2016

Freilich muss es das Bestreben sein den Schusswaffengebrauch an Grenzen nicht notwendig werden zu lassen. Auf ihn zu verzichten bedeutet Preisgabe von geschützten Räumen wie den eines Staatsgebietes, letztlich ist es Preisgabe des Staates. Die Verhältnismäßigkeit wird nicht nur danach bewertet welche Vergehen verhindert werden sollen, sondern in welcher Menge und Intensität diese Vergehen vorkommen.

Wieder hochaktuell: Elias Canetti, »Die Blendung«. Las ich mit 20, danach hatte Kant verschissen.

dieterwunderlich.de meint dazu:

> *„Das abstrakte Denken macht es Peter Kien unmöglich, die Realität zu begreifen. Wir sehen, wie Geist und Natur, Kultur und Leben zu Gegensätzen werden können.*
> *"Die Blendung" ist ein fantastisch erzählter grotesker Roman mit einer Fülle origineller Ideen."*

So langsam beginne ich zu begreifen, was mich am Liberalismus nervt, und zwar, dessen Hang zum Universalismus, dieser Gleichmacherei der Kulturen. Besser als Wunderlich kann ich es nicht ausdrücken: Geist und Natur, Kultur und Leben werden zu Gegensätzen.

Alle haben Angst vor einer anderen Republik. Die Konsequenzen des Willkommens oder des Nicht-Willkommens bedeuten ein neues Selbstbild. Meine Hoffnung schwindet, dass nach den Landtagswahlen im März, der politische Diskurs anständig wird. Nächste Hoffnung: Bundestagswahl.

Nur, wer macht den Diskurs unanständig? Er war es schon immer, seit die Grünen auf der Matte sind, ist er es besonders. Es wird nur noch mit Bildern geblendet und so die Debatten in den Hintergrund gedrängt.

Wir dürfen auch die »Sehnsucht nach der Apokalypse« nicht vergessen. Sie erfasst diejenigen die das mit der Apokalypse verbundene Heilsversprechen herbei sehnen. Die Apokalypse ist vom Kataklysmus zu unterscheiden, der ist finale Katastrophe ohne Aussicht auf eine bessere Welt. Nach Armageddon aber, dem Ort der letzten Schlacht zwischen Gut und Böse, kommt das Reich Gottes, dies ist das Heilsversprechen der Apokalypse.

Das wird immer gerne verwechselt mit Katastrophismus oder Kataklysmus oder Deklinismus, denen aber die Aussicht auf eine bessere Welt fehlt, was aber ein wesentliches Merkmal der Apokalypse ist.

Die Geschichte vom toten Flüchtling vor einer Berliner Erstaufnahmestelle war erfunden. Wahr ist, Obdachlose erfrieren in Deutschland.

Werden wir bei dem Versuch, den Flüchtlingen in Deutschland neue Wurzeln zu geben, unsere eigenen so beschädigen, dass am Ende keiner mehr welche hat?

Mitunter hat man den Eindruck, viele unserer Politiker, allen voran so Typen wie der SPD-Stegner, leiden an vorzeitigem Worterguss. Die müssen ganz schnell zur Sache kommen, unwichtiges wie Reflexion und Abwägung weg lassen, da die Wortejakulation aus Gründen intensiver Erregung schon geschehen ist bevor noch ein Ergebnis aus Reflexion und Abwägung zu erkennen wäre.

Wer definiert eigentlich in der politischen Auseinandersetzung Hass? Freilich hassen Menschen, jeder tut es, irgendwo.

Politische Gegner als Hetzer zu bezeichnen macht den
der den Begriff verwendet selbst zu einen.

Nun, es wird schwierig eine Wirklichkeit in karnevalis-
tistischer Manier zu reflektieren, wenn sie bereits Karne-
val ist.

Ich habe die Merkel noch nie als Person mit Weitsicht
empfunden. Sie reagiert schnell, aber nur auf Akutes.

DaDa ist für mich keine Kunst, nein, aber ein ausge-
zeichnetes Hilfsmittel um die Realität zu ertragen.

Gestern einen ganzen Sack Leergut zurück gebracht. Der
Rücknahmeautomat ist vor dem Eingang zum Lidl. Es
waren vier Flaschen dabei die der Automat nicht genommen hat, denen fehlte wohl ein Symbol dafür, waren
vielleicht Mehrwegflaschen. Ich habe sie weg geschmis-
sen, in den großen offenen Müllbehälter gleich daneben.
Später sah ich einen Mann, er hatte ein paar Tüten mit
leeren Flaschen bei sich, in dem Müll kramen, um sich
die Flaschen zu nehmen, diese die der Automat nicht

wollte und weg geworfen wurden.

Ich habe mich geschämt, werde nie wieder Flaschen in den Müll werfen, sondern sie daneben abstellen.

„Nur Eliten denken und handeln global."
So, oder so ähnlich, steht es in Osterhammels »Die Verwandlung der Welt«. Jedenfalls erinnere ich mich diesen Satz dort so gelesen zu haben. Markiert habe ich ihn mir nicht, und über tausend Seiten Buch nun deswegen durchzusuchen, um den Wortlaut ganz korrekt wieder zu geben, das ist mir zu aufwendig.

Aber ist das nicht eine Anmaßung, von sich zu glauben, global denken zu können? Eliten denken, sie würden global denken. Sei versuchen diesen Eindruck zu erwecken und sind dabei nur Blender. Sie blenden sich selbst mit ihrer eigen Arroganz des Universalismus, der vorgibt, globale Aussagen tätigen zu können.

Wenn es irgendwann einen Algorithmus gibt, der erfassen kann, wann ich kalte Füße habe, einen Schnupfen oder einen Pickel am Arsch; oder wie der Kaffee durftet den ich mir gerade gemacht habe, wie die Zigarette schmeckt und wie die morgendliche Stille wirkt, dann, dann vielleicht, werde ich so was wie einem Algorithmus vertrauen wenn es ums Denken geht. Dieses nämlich, das Denken, hängt auch mit den Sinnen zusammen die Kaffee riechen können, einen Pickel spüren oder Stille empfinden.

Softie: *„Verrate mir bitte, Macho, wie ich eine Frau am besten zum Orgasmus bringe".*
Macho: *„Keine Ahnung! Wen interessiert denn das?"*

Vor einem Monat erwähnte ich eine von mir empfundene Spießigkeit der AfD. Günter korrigierte mich, er hat recht. Nur, das Empfinden diesbezüglich ist teilweise immer noch da, meine Äußerung war also über unreflektiertes Empfinden. Oft vertraue ich diesen Gefühlen, irgendwas erzählen sie mir, nur erklären sie sich nicht von selbst. Ich werde noch herausfinden, warum ich die AfD als spießig empfand.

In Deutschland ist man entweder frankophil und anglophob, oder anglophil und frankophob, und bekennt sich dazu. Nur germanophil zu sein, sich dazu zu bekennen, erfordert Mut. Sofort schreien die germanophoben: Du Nazi!

Zum Aschermittwoch beginne ich mit dem »Frischluftfasten« und ziehe mich in mein verräuchertes Büro zurück. Mit dabei: Kaffee und Kuchen.

„Männer, für was wollt ihr kämpfen?"
Seit Tagen geistert mir ein Text von Cora Stephan durch den Kopf. Der deutsche Mann ist postheroisch geworden. Vielleicht war er das schon immer, weil er mehr

Mitläufer als etwas anderes ist. Sind Helden in, ist er auch einer, sind es Weicheier, dann eben das.

Narzissten haben kein Problem ein Geschenk anlässlich des Valentinstag zu finden. Sie wissen was ihr Sweetheart mag.

Was hat sich eigentlich in Arabien, dem Nahen Osten und der Türkei, seit Lawrence von Arabien geändert?

Ich sehe eine Entwicklung von der »Latenz zur Präsenz« (nach Gumbrecht), die sich im Thymos zeigt, dem eigentlich Unbeschreibbaren, der Gemütslage. Leute wie Gauland, Höcke oder Jongen haben dies sehr genau erkannt und wissen welches Potential noch in der Latenz steckt.

Ihre Gegner auch, deswegen sind die so nervös und empört.

Um die gegenwärtigen Entwicklungen in Deutschland zu verstehen, braucht es neue analytische Ansätze. Viel Geschwätz überall, am meisten von denjenigen, die glauben, unbedingt ihre auf konstruierten Ideologien basierten Weltbilder verteidigen zu müssen.

Mit Bildern manipuliert werden - ein alter Hut. Aber: Ich

liebe es manipuliert zu werden: In Filmen, Museen, Ausstellungen, der Kunst. Ich hasse es manipuliert zu werden: In Nachrichten, mit pädagogisierenden Kram allerorten.

Was, wenn die Katastrophisten doch nicht so Unrecht haben, wonach entscheidende Weiterentwicklung immer nach Katastrophen geschah?

Bei »US-Geldschein« muss ich immer an Raymond Chandler und das Madison-Porträt denken.

Der Denkprozess wird überschätzt. Die durch den Mythos vermittelten unterbewussten Wahrheiten bestimmen das Selbstbild.

Sehr interessantes Interview bei L.I.S.A. Meine These: »Der Kampf um den Gründungsmythos der BRD ist vollen Gange.« Das Narrativ »Wiederaufbau«, vielleicht auch als Mythos, schuf die neue deutsche Identität, auch das meine These. Der sogenannte Verfassungspatriotismus ist der Mythos von Eliten.

Wenn Frauen Frauen beschneiden, so wie das meist geschieht, braucht man sich auch nicht zu wundern, wenn Musliminnen mit Kopftuch ihre Unterdrückung im Islam verteidigen.

Menschen haben Empathie, entwickeln Sympathie und Antipathie, sie lieben und hassen. Versuche so was mittels Zensur regulieren zu wollen, sind nur dumm.

Im Vorwort zu »Deutschland in Pubertät« schreibe ich:
„Die DDRler sind nur etwas kritischer gegenüber einem Deutschlandbild, welches durch jahrzehntelange Pädagogisierung entstanden ist. Sie bilden nun eine gewisse Avantgarde bei der neuen unmoderierten Identitätssuche. Sie schämen sich nicht ihrer Gedanken, weil eben die erzieherischen Narrative deren sie ausgesetzt waren, andere als die der Westdeutschen waren, und vor allem keine Gültigkeit mehr haben."
Akif Pirinçci würde das Ergebnis der „erzieherischen Narrative" der Westdeutschen wohl als rot-grün-versifft bezeichnen. Wir meinen beide das Gleiche. Er drückt sich nur anders aus.

Letzte Nacht hat wohl die Antifa Überstunden gemacht. Auf ca. 30km innerorts etwa 20 abgerissene oder zerstörte Plakate der AfD gesehen.

Berechtigt empfundene Empörung steht gegen berechtigt empfundene Empörung. Damit ist der Punkt erreicht an dem der Disput um die Sache in den Kampf übergeht, bei dem es nicht mehr hauptsächlich ums Argument geht, sondern um die Vernichtung des Gegners.

Versöhnungsvorschlag: Alle europäischen Länder geben beim nächsten »Eurovision Song Contest« alle Punkte dem deutschen Kandidaten. Dafür nimmt Deutschland alle Flüchtlinge.

Das Problem mit den Farben ist, sie entstehen erst im Auge des Betrachters. Die Sinneszellen dafür sind politisch erregt.

Den Grünen kann ich nicht böse sein, den Roten und Dunkelroten auch nicht. Sie denken und handeln so wie es ihnen ihre Weltbilder vorgeben. Bei den Gelben wird es schon schwieriger, vor allem die Weltbilder zu erkennen. Sicher haben die welche, verbergen dies aber sehr gekonnt hinter den Idealen des Liberalismus, der aber mehr im Mund geführt als praktiziert wird. Auf wen ich aber richtig sauer bin, das sind die Schwarzen. So ein opportunistischer Haufen, der nur wegen der Pfründe eigene Weltbilder schleift und sich hinter einer Führungsfigur versammelt, nur der Macht und den Pfründen wegen.

Die Unterstellungen einer anderen »Eigentlichkeit« gegenüber der AfD, den Demonstranten in Sachsen, eigentlich allem, ist die üble Adorno-Frucht die den ganzen Diskurs vergiftet.

Als das dritte Reich nicht mehr zu retten war, rief man den totalen Krieg aus. Total wird ein Kampf immer, wenn an einem Ziel trotz Unerreichbarkeit fest gehalten wird. Nur so lassen sich Alternativen ausschließen.

Sollte der »Marsch durch die Institutionen« am Ende fruchtlos bleiben, weil zwar die Institutionen der Ideologie angepasst werden konnten, nicht jedoch die Wirklichkeit, die nun einen Widerstand gegen eben diese veränderten Institutionen entwickelt? Die Ideologie blieb wenig beachtet, solange sie nicht in der Lebenswirklichkeit spürbar wurde.

Doch nun bekommen die Institutionen den Widerstand ab, es ist etwas Greifbares was nun bekämpft werden kann. Ganz ohne tiefere Auseinandersetzung mit der Ideologie. Egal ob es sich bei den Institutionen um Presse, Verwaltung oder Sonstiges handelt. Sie verlieren an Akzeptanz und Glaubwürdigkeit, der »Marsch durch die Institutionen« führte die Institutionen in eine Vertrauenskrise, womit dann auch die Ideologie, ganz ohne dass man sich mit ihr auseinandergesetzt hätte, wirkungslos wird.

Die Marschierer werden versuchen ihre erlangten Positionen zu verteidigen. Gleich wie Stützpunkte in einem als erobertes Terrain zu bezeichnendes Meinungsklima. Mit unsauberen und undemokratischen Mitteln, was immer augenfälliger wird, je größer der Widerstand gegen die Institutionen wird.

Tweed von »weltsichtig«: „Man hat uns ja schon lange abgewöhnt, mit dem Schwanz zu denken. Inzwischen ist auch das Hirn suspekt. Nur das Herz, das geht noch."

März 2016

Bezüglich Volker Beck überwältigt mich ein Gefühl: Schadenfreude! Ich weiß, das ist eigentlich mies, trotzdem freue ich mich, denn ich habe Angst davor mir meine Schwächen zu verbieten, am Ende komme ich dann rüber wie der Gauck.

Liberale sind, wenn sie Gesetze machen, so was wie Techniker oder Ingenieure. Nur sie bekommen es hin, dass die Maschine oder die Gesellschaft mit so geringen Reibungsverlusten wie möglich läuft. Was aber die Maschine oder die Gesellschaft jenseits ihres praktischen Nutzen für die Menschen bedeutet, davon haben sie meist keine Ahnung. Die Funktionsfähigkeit erscheint sinnstiftend genug.

Mein Problem mit dem Mainstream ist, ich bin mir nicht sicher, wie viel davon einer Schweigespirale geschuldet ist, demzufolge er zumindest teilweise von Lippenbekenntnissen getragen ist. Mitläufertum habe ich schön in der ehemaligen DDR studieren können, und nun frage ich mich natürlich, wieviel vom Mainstream eben Mitläufertum ist.

Auf einer AfD-Veranstaltung, es war in Reutlingen, sprach ich mit einem vielleicht sechzigjährigen Mann. Der sagte: „Früher habe ich wegen des Vietnamkrieges gegen die Springerpresse demonstriert, und heute demonstriere ich wieder gegen die Springerpresse." Das lässt mich an einen Automatismus denken: Es gibt Menschen, denn ist es suspekt, wenn alle das Gleiche sagen. Oder wie es ein Klassenlehrer von mir mal ausdrückte: „Du weißt nicht warum es geht, bist aber dagegen." Dies sagte er nicht zu mir, aber ich fühlte mich angesprochen.

Für die Gesellschaft, so finde ich, sind diese Leute die sich dem Mainstream widersetzen, vielleicht einfach nur weil es ihr Naturell ist, sehr nützlich. Dinge die als Selbstverständlichkeiten an genommen werden, werden hinterfragt und geprüft. Der Mainstream tut das nicht, der besteht ja möglicherweise überwiegend aus Mitläufern, und die haben Angst davor, die Geborgenheit der Masse verlassen zu müssen.

Die Flüchtlingskrise lässt sich ohne Gesichtsverlust nicht mehr lösen, dies ist das eigentliche Dilemma und die größte Gefahr, weil Menschen mitunter ganz komisch reagieren, wenn sie spüren, dass Gesichtsverlust droht.

Kretschmann ist die Fassade der Grünen im Südwesten; drinnen, im Haus, hocken die Becks und Genossen. Siehe Bildungsplan in BW mit Frühsexualisierung. Özdemirs Videostatement mit Gras. etc. pp.

Im Supermarkt sehe ich die neuen Grün-Wähler: Lindt-Schokolade, überhaupt - nichts billiges, dann noch einen Öko-Jogurt fürs Gewissen.

Ich glaube nicht an die Harmlosigkeit von Gras, habe ein paar Freunde wegen diesem Zeug verloren. Ihre Persönlichkeiten wurden so verändert, dass wir uns nichts mehr zu sagen hatten.

Ziemlich widersprüchlich alles, was der Papst so von sich gibt.

2011 malten sich die Schwarzen in Baden-Württemberg grün an, nicht nur wegen Fukushima - schon vorher. Ich hatte es an einem Brief an den CDU-Wahlkeiskandidaten beschrieben. 2016 verkleiden sich die Grünen schwarz. Ich kann sie nicht mehr auseinanderhalten.

Es ist vorhanden, irgendwas, nur es zeigt sich nicht.

Wenn die Mitläufer beginnen sich an der AfD zu orientieren, dann wird es gefährlich für den Mainstream. Er ist dann keiner mehr.

Interessant was Boris Palmer über die Sachsen sagt:
> *„Ich verstehe dieses Land und diese Menschen schlicht nicht."*

Komisch, ausgerechnet er, dem doch eine gewisse Volksnähe nach gesagt wird.

Eine der eingängigen Slogans der Studentenbewegung war: „Unter den Talaren – Muff von 1000 Jahren". Vielleicht hatten sie damit nicht ganz unrecht, ich kann das schlecht beurteilen. Nur was passiert ist, ist offensichtlich. Es wurde nur der Muff ausgetauscht. Genau das was die Studenten kritisierten, haben wir heute wieder. Ich meine damit nicht die Unis, die vielleicht auch, sondern die Gesellschaft. Es haben sich nur die Vorzeichen geändert.

Aber vielleicht tue ich den fünfziger und beginnenden sechziger Jahre Unrecht. Möglicherweise waren es keine Ideologen die verantwortlich für den entstanden Muff waren, sondern es war einfach nur eine Auswirkung der allgemeinen Identitätsverunsicherung nach dem Krieg. Während der heutige grüne Muff die Gesellschaft kaum atmen lässt und eindeutig einer liberalitätsfeindlichen grünen Ideologie geschuldet ist.

Wieder mal so ein sogenannter Bürgerdialog, der Legitimation für Politik vortäuschen soll.

Werte, grundgesetzt und damit entsinnt.

Der EU-Gipfel erinnert an Klimagipfel. Um Formulierungen wird gestritten: Gruppenfoto! Danach macht jeder sein Ding.

Deutschland, eine kosmopolitisierende Gesellschaft subpolitischer Individuen?

Die Entwicklung vom „Mythos zum Logos" ist eine Illusion. Logos ist nur die Beschreibung des gegenwärtigen Mythos.

Im Kindergarten musste was bezahlt werden, ich hatte es nicht passend. Die Kindergärtnerinnen haben dann das Restgeld in einer kleinen Filmdose zurück gegeben. Nur der Knirps will die Kohle nicht wieder rausrücken, er ist der Meinung, es ist sein Gehalt dafür, dass er in den Kindergarten geht. Ich bin mir sicher, er hat eine große Karriere als Gewerkschaftler vor sich.

„Der Uno-Menschenrechtskommissar, Prinz Said

Raad al-Hussein ..."
So beginnt ein Artikel in SPON. Ich habe nicht weiter gelesen.

Heute morgen war ich an einem CDU-Wahlkampfstand. Es war grotesk. Ich bin ja extra hin um den Wahlkreiskandidaten zu treffen, der ist eigentlich nicht so verkehrt, zumindest kann man mit ihm reden. Vor fünf Jahren hatte ich schon mal über ihn geschrieben.

Er ist ganz ok, auch witzig, aber seine Helfer waren völlig aufgedreht. Als ich denen auch noch sagte, dass ich keinesfalls CDU wählen werde, nicht solange die die grüne Ideologie übernehmen und so lange Merkel Vorsitzende ist, war es aus mit der Höflichkeit.

Anstatt mir zuzuhören, wurde ich geradezu beschimpft. OK, ich habe natürlich auch ausgeteilt, aber ich bin ja auch Wähler und darf schimpfen. Die wollten mich aber belehren, und vor allem, was die AfD für ein rechtsradikaler und bösartiger Haufen sei. Denen geht der Arsch so richtig auf Grundeis und ich gönne es ihnen.

Mit Grausen habe ich einige Bürgerdialoge der Kanzlerin verfolgt. Seit dem weiß ich wie wichtig der politische Streit, der Disput ist. Ziel dieser sogenannten Dialoge ist es, den Disput zu unterdrücken, so zu tun als ob das Volk gehört werde, um es dann zu paralysieren. Die zeitreichen und wortgewandten konstruieren einen Konsens der eine Schweigespirale generiert.

Der Zwist im konservativen Lager kommt daher, dass die »alte« Bundesrepublik, ihre Verortung, im Vergehen begriffen ist.

Es stimmt mich immer traurig, wird ein Baum gefällt.

Die Schärfe der Auseinandersetzung liegt nicht an den konträren politischen Positionen, sondern am konträren kulturellen Selbstverständnis.

An meinen Bruder. Fast alles was du mir empfahlst, habe ich als zu leicht verworfen. Der Zarathustra - schrecklich. Die Blechtrommel - peinlich. Pink Floyd - täuschend. Am schlimmsten: Der kleine Prinz - Kitsch. Nur bei Janis Joplin sind wir uns einig: Grandios! Kenne ich dich?

Ich muss aufpassen, dass ich mich nicht in ein Groupie des Sloterdijk verwandle.

In der Presse, im Kanzleramt wahrscheinlich auch, wartet man auf eine Selbstzerfleischung der AfD. Was ich aber sehe, ist, dass diejenigen die darauf warten, nun beginnen es bei sich selbst tun.

Journalisten wie Politiker haben es sich zur Aufgabe gemacht die AfD zu demaskieren. Dabei sehen sie nur eine Maske die sie sich selbst herbei halluziniert haben.

„Unbeirrt hält Angela Merkel an ihrem Ziel fest", höre ich in den Nachrichten. „Stur und unbelehrbar" wäre richtiger.

Fühlte mich gerade an den DDR-Alltag erinnert. Ca. 20 Leute in der Schlange vor mir beim Bäcker. Der Unterschied ist nur, damals nahm man es fatalistisch hin und nutzte die Zeit für Kommunikation. Heute wird gemault.

Mit den Grünen ist es wie mit dem Hausschwamm, hat er ein Gebäude befallen, wird die Sanierung aufwendig bis unmöglich. Vom grünen Hausschwamm sind die Sozialdemokraten und nun auch die CDU befallen, die FDP teilweise.

Was Vasallentreue ist, kann derzeit an der SPD in Stuttgart studiert werden. Selbst im Untergang hält der Schmid dem Kretschmann die Stange, obwohl seiner Partei schon längst der Boden unter den Füßen hinweg erodiert. Gewissermaßen als Selbstmordattentäter zwingt er die CDU in ein Koalition mit den Grünen, in der Hoffnung, so die Union mit in den Untergang zu reißen. Doch das schaffen die ganz allein, dazu brauchen die den Schmid nicht.

Wie wird die SPD auf die sich abzeichnende Liaison von Schwarz und Grün reagieren? Wie eine verstoßene Geliebte? Falls sie sich auf den Geist besinnt, von dem einstmals ihre Mitglieder und Anhänger getragen und gestärkt wurden, ist eine Kooperation mit der AfD denkbar. Der Punkt der Gemeinsamkeit ist nämlich, dass bei beiden die Menschen des Landes im Mittelpunkt stehen, und nicht irgendwelche universalistische Heilsversprechen wie sie bei den Grünen, und nun auch in der CDU, dominierend sind. Freilich müssen Schamfristen eingehalten werden, doch in meinem Blick in die Zukunft existiert eine Perspektive in der ein solches Szenario denkbar ist.

„Die Volkszählung hat ergeben, daß Wien 2,030.834
Einwohner hat. Nämlich 2,030.833 Seelen und mich.‟
(Karl Kraus)
Er grenzt sich als Individuum von der Masse ab. Mache ich auch oft.

Sämtliche universalistische Ideen, ob links oder liberal, sind nicht erreichbare Ideale, haben was religiöses und binden Masse(n) durch die Ferne der Ziele, irgend etwas was sich in höheren moralischen Sphären befindet.

Typische Vorgehensweise der Widerwärtigen: Personen diffamieren um Argumenten aus dem Weg zu gehen.

Vermutungen über die Latenz bestimmen die Auseinandersetzungen derzeit. Irgendwas bedrohliches und gefährliches wird in Flüchtlingen, der AfD, der EU oder der Technik vermutetet. In den Dingen genauso wie in den Personen. Nur der Instinkt kann dies erfassen, doch wie begründet man diesen in der Diskussion? Was ist Instinkt?

Ich wiederhole mich: 72 Jungfrauen ständig um mich rum, wäre die Hölle, nicht der Himmel.

Ad hominem ist salonfähig links. Das schafft auch Räume für Kreativität. Keine Denkverbote diesbezüglich, wenn es der Sache dienlich ist.

Ich wurde mal zu einem Karfreitagsessen eingeladen, bei dem es Gemischten Braten mit Spätzle und Salat gab.

Ich habe keine Meinung zum Tanzverbot. Noch nicht. Dafür oder Dagegen, Argumente auf beiden Seiten scheinen vernünftig.

Typische Vorgehensweise der Widerwärtigen: Personen diffamieren um Argumenten aus dem Weg zu gehen.

Ich erinnere mich an meine Hochzeit auf den Philippinen. Es waren fast nur Einheimische zur Feier anwesend und nur zwei Langnasen, ein befreundetes Paar. Die Frau war Vegetarierin und hatte ganz schlechte Karten. Es gab nichts ohne Fleisch oder Fisch zu essen, sie musste sich mit purem Reis und ein wenig Sojasoße zufrieden geben. Dass jemand freiwillig auf Fleisch und Fisch verzichtet, konnten sich die Philippinos nicht vorstellen.

Heute sind es nun die Atheisten, die oft ihren Glauben als Dogma verbreiten und sich der Diskussion verschließen.

Komisch, die die am Donnerstag (Veggiday) nur Hasenfutter zulassen wollten, wollen nun am Karfreitag tanzen.

Im Baumarkt aufgeschnappt:
   ER: *Heute mache ich nichts, gar nichts!*
   SIE: *Du machst sonst doch auch nichts.*
   ER: *Aber heute nehme ich mir nicht mal was vor.*

Warum muss ich derzeit so oft an den Film »Die Klapperschlange« denken, wenn ich von Stadtteilen höre, in denen sich eigene Ordnungen gebildet haben? Wie dumm von mir, so was als Frage zu formulieren.

Um zu versehen was gerade passiert, dürfen wir nicht der Käßmann oder dem Papst lauschen, sondern sollten Carl Schmitt lesen.

April 2016

Mein zweiter Sohn (aus erster Ehe) saß am Tisch und malte mit Pinsel und Farbe auf ein Blatt Papier einen Wellensittich. Unser Wellensittich war grün, aber er malte ihn in gelb-orange. Ein Freund von mir (Künstler-Maler) saß daneben und beobachtete ihn. Auf einmal stand mein Freund auf, kam zu mir und meinte: „Dein Sohn ist auch schon verbildet!" Er hatte nämlich, nachdem er den Wellensittich genauer anschaute, festgestellt, dass der ja Grün ist, und hat das gelb-orangenes Bild grün übermalt.

Mein Freund nannte dies Verbildung. Vorher hatte das Kind den Vogel so gemalt wie es ihn empfand, danach nach scheinbarer Objektivität. Mein Kumpel meinte nun, die Kunst will diese Verbildung wieder aufheben, auf das ursprüngliche Empfinden zurück kommen, was dann den wahren Charakter einer Sache deutlich werden lässt.

Immer wieder nur Zitate. Woher kommt diese Feigheit vor dem eigenen Gedanken?

Ich frage mich, ob dieses zahlengläubige der Statistiker nicht ein wenig wie das Denken in Ideologien ist. Die Selektion in wichtig und unwichtig für die Statistik oder die Ideologie ist sich sehr ähnlich.

Ich sortiere gerade meine älteren Texte und möchte noch ein abschließendes Buch bringen. Erfolg verspreche ich mir nicht davon, es ist nur der Vollständigkeit wegen, vor allem wegen meiner Kinder oder Enkel, falls die mal, wenn sie selbst alt sind, ich schon längst von den Würmern gefressen bin, sich interessieren, was der Alte wohl für ein Mensch war, was ihn umtrieb. Vielleicht ist dann der eine oder andere Text für eine Diskussion gut. Ich bedauere es ja auch, praktisch alles was meine Großeltern betrifft, nur aus Erzählungen zu wissen. Von ein paar Feldpostbriefen abgesehen.

Vielleicht sollte ich als Titel »Feldpost« wählen, es sind ja Berichte aus einer Kampfzone.

Chlorhähnchen esse ich jederzeit, Bio-Käse niemals.

Gut möglich, dass es sich bei dem Täter um einen Deutschen handelt. Doch dann wäre das bestimmt erwähnt wurden.

„Äh, ptffpt,"
spuckend läuft mein Jüngster weg. Es ist ein Unverschämtheit von mir, mich an meinem Geburtstag nicht zu rasieren, heute wo mich alle meine Kinder küssen.

Als ich auf den Philippinen mein erstes Haus bezog, hat sich meine Frau als erstes eine Pistole zugelegt. Ich war froh darüber, es gab ein gewisses Gefühl der Sicherheit, vor allem, weil sie mit der Knarre auch verdammt gut umgehen konnte. Die Jungs im Ort sind ganz blass geworden, als mal bei einer Art Kirmes ein Schießstand aufgestellt wurde, wo man mit Kleinkaliberpistolen (oder so was ähnlichem) schießen konnte, und sie (meine Frau) baff baff baff nur ins Schwarze getroffen hat. Das hat sich rum gesprochen, niemand hätte sich getraut unser Haus unerlaubt zu betreten.

Es gibt Länder, dort sollte man aus Selbstschutz nie außerhalb von Ortschaften anhalten.

Was ist Statistik anderes als aus dem Zusammenhang gerissene Zitate?

Merkel hatte die Wahl so oder so zu entscheiden, das Argument Rechtsstaat ist aus ihrem Mund nicht glaubwürdig.

Adressat der "Rede" Erdogans von der Beleidigung sind zuerst die Türken in Deutschland. Die will er einfangen und bauchmiezeln.

Über oder wegen Böhmermanns Witze kann ich nicht lachen, noch nie. Über Erdogans Reaktion auf Böhmermann schon.

Vielleicht, um das mal ganz provokativ zu sagen, sind Kunst und Spiritualität die eigentlichen Wissenschaften.

Ich will wissen was das Ding, oder das Phänomen, an sich ist. Welchen Charakter und welche Eigenheiten es hat, weniger wie es entstanden ist.

Der Verbildete ist ein Feigling, er traut seinen eigenen Gedanken nicht.

Kann man heute noch das Wort „eigentlich" verwenden, ohne an Adorno oder Heidegger zu denken. Ich versuche es immer wieder und doch bleiben nur zwei Verwendungen übrig. Einmal um eine Täuschung zu entlarven: „Eigentlich ist das Ding was ganz anderes als es scheint". Oder als Reduzierung auf den Kern oder wichtigsten Aspekt einer Sache: „Eigentlich ist das Ding nur." Der erste Aspekt hat etwas von einer Verschwörungstheorie, einer Sache wird ihr Geheimnis entrissen.

Eine halbe Stunde stand meine Frau bei den Babyschuhen. Mir wird ganz bange.

Paradox: Wenn Linke anderen Antiamerikanismus vorwerfen.

Durch die Rede von Einzigartigkeit des Faschismus legitimieren sich die Linken, wird aber der Faschismus in den Kontext seiner Zeit gestellt, wie das Nolte tat, nun auch Sloterdiijk und andere, wird die Angstmacherei vor einer Wiederkehr des Faschismus wirkungslos. Das hätte noch nicht absehbare Konsequenzen fürs Selbstbild der Deutschen nach dem Krieg. Wahrscheinlich deswegen reagiert der Mainstream auf derartige Gedanken so allergisch.

Der Islamismus verkehrt erlebte Minderwertigkeitserfahrung in Chauvinismus.

Das 20. Jahrhundert, mit den ekelhaften Praxisversuchen des Faschismus und des Kommunismus, überdeckt die eigentlichen Befindlichkeiten der Europäer, auch die der europäischen Nationen. Wir werden das 19. Jahrhundert studieren müssen, wollen wir Europa begreifen.

Warum werden die Positionen der AfD zur Kernkraft von ihren Gegnern nicht mehr thematisiert? Finde ich auffällig.

25 Jahre, so heißt es, sind eine Generation. So in etwa. Es beginnt nun also die Zeit der zweiten Generation nach dem Ende des Ostblocks. Die bipolare Welt des Ost-West-Konfliks, des kalten Krieges, der Mauer - all das ist vorbei. Vergleichen wir es mal mit der Nachkriegszeit. Die zweite Generation begann 1970.

Mazyek lässt die Maske fallen, den Import von Imamen nennt er *„innere Angelegenheiten"*.

Die Flüchtlingszahlen sind wegen dem EU-Türkei-Deal gesunken, meint Merkel. Und die Sonne geht auf, weil Hähne krähen.

Im Vergleich zu Angela Merkel wirkt Helmut Kohl geradezu als Intellektueller.

Familiengeld kommt nicht - dafür hauptsächlich grüne Agenda. Die CDU-BW mutiert zu Kretschmanns Sänftenträger.

Mai 2016

Ich hatte mir vor einiger Zeit schon mal ein paar Gedanken über die Volksfrömmigkeit gemacht, und vor allem, wie ein Verlust dieser den Extremismus befördert. Denn, seien wir doch ehrlich, die wenigsten Gläubigen kennen die religiösen Schriften ausreichend um an einem Diskurs darüber teil zu nehmen. Das trifft auch auf politische Religionen wie den Ökologismus zu, auch deren Anhänger haben meist kaum mehr als eine nebulöse Vorstellung davon, welche Lehre damit verbunden ist.

Das Megathema, so schien es noch bis vor kurzer Zeit, schien Mensch-Umwelt-Nachhaltigkeit zu sein. Auf den Zug sind alle aufgesprungen, natürlich auch die Mitläuferin Merkel. Ich bin mir bis heute nicht richtig sicher dabei, einzuschätzen, welches Gewicht das Thema Klimawandel hat. Auslöser des Megatrends war es sicher nicht.

Was wir nun erleben, ist ein Wandel des Megatrends hin zu Mensch-Mensch und Gesellschaft-Gesellschaft Problematiken. Also etwas was die ganze Historie der

Menschheit begleitet hat. Heute haben wir es nur ein wenig intensiver als früher, weil die Menschen näher zusammen gerückt sind, dank erleichterter Mobilität und erleichterter Kommunikation. Dass heißt, heute sind nicht nur diejenigen Nachbarn die es tatsächlich sind, sondern die ganze Welt. Das hat eine neue Qualität, und bislang ist noch keine Lösung für die entstehenden Probleme zu sehen.

Die Universalisten, mit ihren ethischen Konstrukten, werden nun immer mehr mehr mit einer Lebenswirklichkeit konfrontiert, in der Zuordnungen und Separierungen wichtig sind, die letztlich die optimale Größe einer Solidargemeinschaft finden sollen. Solange der Ost-West-Konflikt existierte, gab es diese Probleme weniger, da die Zuordnungen quasi automatisch geschehen sind. Dies ist nun heute nicht mehr so einfach und wir erleben eine Renaissance der Religionen, genau so wie eine der Zuordnung zu lokalen Identitäten. Spannende Zeiten für jemanden wie mich.

Unser Land krankt an den (ehemaligen) Volksparteien. CDU, SPD, auch die Grünen, gebärden sich, als gehöre ihnen das Land. Ohne sie, und deren taktischer Besitzverteidigung, wären die Sachthemen und die Ideologien klarer und die Debatten ehrlicher.

Lese ich nur die Überschriften der News, frage ich mich

schon, was bedingt was. Schon die Überschriften geben die Antwort, scheinbar.

„Fabelwesen erobern die Naturdokumentationen"

titelt Eule ev.

Wenn Grüne von Bürgerbeteiligung reden, muss man sich das so vorstellen, wie Verbesserungsvorschlagswesen in einem »volkseigenen« Betrieb in der DDR.

So langsam wird es mir zuviel Politik im Kopf. Der Geschmack des Denkens wird versaut, es schmeckt wie eine überwürzte Suppe.

Gerüchten zufolge ist es bei den Schwarz-Grünen-Verhandlungen in Baden-Württemberg nur einmal laut geworden - da ging es um die Verteilung der Posten.

Um einen Gegner zu bezwingen, ist es notwendig ihn zu analysieren. Egal ob im Sport oder in der Politik. Nur so können die Schwachpunkte gefunden werden.

Ich persönlich gehe noch einen Schritt weiter, und versuche Empathie gegenüber der Untersuchungsperson zu entwickeln. Ich will nicht nur verstehen welche Argumentationsketten dieser aufbaut, oder von welchen Grundüberzeugungen er sich leiten lässt, sondern versuche nachzuempfinden, was dieser empfindet. Erst dann kann ich verstehen, welche seiner Aussagen einer tieferen inneren Überzeugung entsprechen, und welche eher taktischer Natur sind, also mehr in die Sphäre des Kampfes gehören, in der natürlich gelogen, betrogen, getrickst und getäuscht wird.

Ohne die Hilfe der Empathie hätte ich nie den Bürgerdialog der Kanzlerin oder die Enquete »Wachstum« analysieren können. Und diese Analyse beginnt bei mir meist mit der Sortierung in die zwei Sphären: Was wird dem Kampf zugeordnet und was dem Denken über eine Sache. Manchmal ist das nicht ganz leicht, weil Menschen oftmals ihr Denken dem Kampf unterordnen, sich sozusagen Denkverbote auferlegen um im Kampf keine Angriffspunkte zu bieten. Die meisten Menschen tun dies unterbewusst oder intuitiv, man kann es auch als etwas evolutionär gewachsenes betrachten, weil es im Überlebenskampf Vorteile hat. Neudeutsch würde man sagen, es ist zweck- oder zielorientiertes Denken. Husserl, Heidegger oder Arendt sprachen dagegen von Geländern, an dem sich solches Denken orientiert.

Sich davon frei zu machen, um an den Kern einer Sache zu kommen, dazu muss man als erstes die Sphäre des Kampfes verlassen. Dies ist gerade bei politischen Themen nicht ganz einfach.

Wer an Schicksal oder Vorsehung glaubt hat es gut, er muss nicht mit der eigenen Unvollkommenheit und mit den eigenen Fehlern hadern.

Männer die keine Väter sind, aber den Vatertag feiern, die besaufen sich. Aus Frust oder Freude?

Ich bin für eine Renaissance der Stadtmauer, nicht zum Schutz der Städter, nein, genau anderes herum, zum Schutz vor den Städtern.

Stadtluft mach frei, so hieß es. Das war mal.

„Raus aus der Kohle" ist wohl ein Tippfehler. Die Umweltministerin meinte: „Raus mit der Kohle!" und zwar zu uns, den Verbrauchern.

Zwei Briefe mit Gedichten bekommen, Pralinen, Zeichnungen Gebasteltes, Küsse und und und. Ich gehe zum Vatertag bestimmt nicht saufen.

Man merkt es den Vätern an, ob sie Töchter oder Söhne haben. Die mit Töchtern sind ausgeglichener, sie müssen sich nicht behaupten.

Werden linke gewalttätige Chaoten permanent als Aktivisten beschrieben, wird sich Aktivist zum Diffamierungswort wandeln.

Kann ich noch unbeschwert »Isnogud« anschauen. Ich habe den Quatsch gemocht und will es mir nicht nehmen lassen.

Kaufe ca. 50ltr. Frischmilch im Monat und achte nur darauf, dass kein Label wie BIO oder Genfrei drauf ist. Nicht nur bei der Milch.

Kommunen sollen sich um Flüchtlinge bewerben, meint man in der SPD. Die Idee stammt von Gesine Schwan, Vorsitzende der SPD-Grundwertekommission.

Zigarettenetui zulegen. Werde ich machen, wenn meine Zigarilloverpackung verunstaltet wird.

Je öfter ich es höre oder lese, um so weniger schlimm finde ich das Wort: „Populist"

Was wir aber im Fokus auf Deutschland gerne ein wenig ausblenden, ist ein weitere Vermischung aus der Gründungszeit der Grünen. Ohne den Mobilisierungsfaktor Vietnam, der lange nachwirkte, wäre es den linken Gesellschaftsutopisten ebenfalls kaum gelungen, ihre Infitration von bürgerlichen Protestbewegungen hin zu bekommen. Es sind immer einzelne Themen, die wenn sie nicht nur von einer bestimmten Protestgruppe getragen werden, zur Vermischung der Milieus führen.

Die Lage ist ernst doch nicht hoffnungslos, sagt der Deutsche. Sie ist hoffnungslos doch nicht ernst, meint der Österreicher.

„Vielleicht werden wir wieder kämpfen müssen?"
fragte ich noch vor kurzem. Heute würde ich es nicht mehr als Frage formulieren.

Habe gestern »Umvolkung« von Pirincci fertig gelesen. Es regt mehr zum Nachdenken an, als es Wut schürt.

Ich habe meine Probleme mit dem Spruch: „Der Feind meines Feindes ist ...". Die gedankliche Herangehensweise find ich schon schrecklich, verbunden mit einem unbedingten Zwang zur Positionierung, ausgerichtet auf die Vernichtung eines Gegners. Eine Freund-Feind-Unterscheidung entsteht, nicht die Personen betreffend, sondern nach dem Nützlichkeitsprinzip in Hinblick aufs politische Ziel. Noch niemals habe ich ideologische oder religiöse Positionen ganz und gar geteilt. Ich habe schon genug Probleme meine eigenen Positionen, ja Plural, zu finden, die sich mitunter heftig widersprechen.

Österreich lehrt: Union, SPD und Grüne sollten einen gemeinsamen Kanzlerkandidaten küren. Ist eh kein Unterschied bei denen erkennbar.

Durchschnaufen SPD & Union! Österreich hat gezeigt, mit Hilfe aller andern Parteien, inkl. TV, könntet ihr an der Macht bleiben.

100% der Österreicher sind sich sicher, dass 50% von ihnen Volltrottel sind.

Kulturelle oder auch religiöse Weiterentwicklungen geschehen in einer Diaspora eher selten. Dort sind die Bewahrungskräfte viel stärker. Im Gegenteil, es geht meist in die Richtung Fundamentalismus. Der Islam in Deutschland ist in einer zweifachen Diaspora. Einmal als Religion, dann als Kultur des Herkunftsland, mit den entsprechenden Unterschieden von Land zu Land.

Verteilschlüssel für Flüchtlinge nach Anzahl der Grün-Wähler im Wahlbezirk. Dann bekommen die, die die Flüchtlinge wollen, sie auch.

„Donald Trump ... will das Pariser Klimaabkommen kippen.“
Das war zu erwarten, manchmal ist er ganz vernünftig.

Das Christentum ist nicht nur Religion, sondern auch Kultur. Wie andere Religionen auch. Um die Kultur geht es bei den Auseinandersetzungen mit dem Islam, nicht um religiöse Aussagen.

Interessiert mich nicht die Bohne wie Edathy heute lebt, Hauptsache er bleibt der Politik fern.

Hätte ich Religionsunterricht in der Schule gehabt, wäre ich wahrscheinlich Atheist geworden. Aber dafür gab es kommunistische Propaganda in der Staatsbürgerkunde. So wurde ich eben Antikommunist dadurch.

„Wir als Muslime, wir als gute
Verfassungspatrioten ..."
(so sprach der Mazyek bei den Linken)

Juni 2016

Die Grünen sind keine konservative Partei im Sinne der Beschreibung. Dazu genügt ein Blick auf deren Themen jenseits der Umweltdebatte. Deren Agenda zur Überwindung des Nationalstaates, der Geschlechter, der Familie, der Zugehörigkeiten zu sozialen oder ethnischen Gruppen, und und und. Die Grünen sind alles andere als ein konservative Partei, wenn es auch partielle Schnittmengen gibt. Es sind immer noch die linken Gesellschaftsutopien bestimmend.

Immer wieder ist die CSU mit vernünftigen Wortmeldungen zu vernehmen, wie gerade eben, weil sie sich gegen eine Kaufprämie für Elektroautos ausspricht. Ließt man derartige Nachrichten, keimt eine kleine Hoffnung auf, die Vernunft könnte noch einen Platz in der Union haben. Regelmäßig wird aber diese Hoffnung enttäuscht.

Michael Schroeren, Sprecher des Bundesumweltministeriums, spricht von Schwarmdummheit. Dabei können Schwärme gar nicht denken, sie empfinden nur. Bezeichnungen wie Schwarmdummheit für die Anderen ist somit letztlich eine Herabwürdigung von Empfindungen und Instinkten.

TÜV Rheinland: Überflutete Keller mit Solaranlagen-Installationen unbedingt meiden - Stromschlag oder Explosion möglich.

Spiegelleser wissen mehr, so eine ehemalige Selbstwerbung des Blatts. Hat damals schon nicht gestimmt.

Gerne würde ich eine »Anne Will Kritik« schreiben. Es scheitert regelmäßig daran, dass mich die Sendung, alle diese Sendungen, nach wenigen Minuten anekeln.

Offensichtlich gibt es aber eine geistige Inzucht, ist in Deutschland passiert, nach 68, als Andersdenkende ausgegrenzt wurden und werden.

pff Statistiken. Einen Fuß im Eiswasser, den anderen im kochenden. Statistisch: lauwarmes Fußbad.

Kaiser Barbarossa könnte man doch aufwecken, damit er die Nachfolge vom Gauck antritt, wenn sich niemand sonst findet.

Die Grünen sind nun (teilweise) an der Macht, und die korrumpiert. Zum anderen müssen sie nun Antworten bringen die mit der Lebenswirklichkeit der Menschen zu tun haben und können sich nicht mehr ganz auf ihre theoretischen Konstrukte zurück ziehen. Sie müssen in einem System arbeiten, welches sie eigentlich ablehnen. Sie müssen also so tun, als gäbe es ein richtiges Leben im Falschem. Zumindest partiell. Geblieben aber ist, wenigstens dafür zu sorgen, dass sich das richtige Bewusstsein entwickelt.

Manchmal möchte ich nur noch wie Zupfgeigenhansel sprechen.

Gauck im Stil von F.J. Strauß, der Gegner »Ratten und Schmeißfliegen« nannte. Nichts anders tat der Pfaffe: »Dödel«, »Dunkeldeutschland«. Kein Shitstorm deswegen, nicht mal Kopfschütteln.

Der Dalai Lama mag auch keine Mode-Buddhisten, die mit ihrem Siddhartha unterm Kopfkissen mehr phantasierten als meditierten.

„Ich weiß auch nicht, wie man der SPD noch helfen kann."
(Mark Schieritz (ZEIT))

Den [Deutsch-Unterricht] habe man zunächst auf 10 Uhr angesetzt. Das sei den Flüchtlingen aber zu früh gewesen.

Kürzlich in Ulm. Auf dem Weg vom Parkhaus zum Münster: Eine Frau, mit einer Burka verhüllt, spielt mit einem Smartphone. Die Farbe der Burka war nicht ganz schwarz, so ein dunkles Silbergrau vielleicht. Die Sonne schien und der Stoff reflektierte ein bisschen. Es sah super schick aus, eine elegante Erscheinung, zumal die

Burka irgendwie so was wie einen Schnitt hatte und nicht so wie ein Sack von den Schultern hing. Dazu war die Trägerin offensichtlich schlank, eine Augenweide, auch in dieser Kleidung, wie sie da neben einem Stuhl stand, auf den sie sich natürlich nicht setzen konnte, da es ihrer Eleganz abträglich gewesen wäre. Nun gebe ich ja zu, es ist schon etwas außergewöhnlich, eine Burka mit Eleganz in Verbindung zu bringen, sind doch die meisten entsprechend gekleideten eher das Gegenteil. Dennoch war es in diesem beschriebenen Fall so, sonst wäre mir die Frau gar nicht aufgefallen

Kurze Zeit später auf dem Münsterplatz. Ein dicker weißer Mann in kurzen Hosen und mit Socken in Sandalen. Das Tshirt oder Hemd zu knapp, so dass ein breiter Streifen behaarter Bauch zu sehen ist. Es war das pure Gegenteil der Eleganz die die Dame vorher ausstrahlte. Egal was der Dicke anzieht, schick wird er nie.

Ich frage mich bis heute, warum es mich freute diesen Mann zu sehen. Eigentlich hätte ich mich gerne ein wenig mit ihm unterhalten, gefragt wo er herkommt, was er so tut. Da ihm seine eigene Erscheinung offensichtlich nicht peinlich war, muss irgendwas anderes ihn ablenken, etwas was ihm eben viel wichtiger ist. Wahrscheinlich hätte ich geglaubt was er mir zu erzählen hat. Mit der Burka hätte mich natürlich auch unterhalten, doch geglaubt hätte ich ihr kein Wort, zu offensichtlich war, dass es ihr um den Eindruck ging, den sie beim Beobachter hinterlassen wollte.

Die Kinder wollen ein Haustier. Ok, ein Kaninchen erlaube ich. Niemals, sagt die Tochter, das willst du nur essen. Ertappt.

Neuer, Boateng, Müller, Özil, Schweinsteiger, das sind die einzigen mir bekannten Namen die Fußballnationalmannschaft betreffend. Ich hoffe dies bleibt die nächsten Wochen so. Ich verspüre keinerlei Bedürfnis an diesem Zustand etwas zu ändern.

Bundestag: Aktuelle Stunde zur Zukunft der Erneuerbaren Energien in Europa am 01.06.2016. Ich habe es bis Minute 20 geschafft. Wer ist leidensfähiger?

Deutschland heute: Das eigene Hab und Gut wegschmeißen, es verbrennen, um nicht bewundert und beneidet zu werden.

Es ist vor allem Gerechtigkeitsempfinden, was linkes Denken nährt. Der Unterschied zur klassischen Linken ist bei den Grünen lediglich, dass die Linken im Prinzip Fortschrittsoptimistisch sind, die Grünen das Gegenteil. Bei den Linken sehen wir eine Geißelung derer die mehr haben, die vom kapitalistischen System scheinbar mehr profitieren, von dem will man mehr abhaben oder das System so ändern, dass derartige Ungerechtigkeiten nicht mehr möglich sind. Bei den Grünen ist es ähnlich, nur dass es in Selbstanklage ausartet, weil bei ihnen nicht die Vermehrung der Güter im Vordergrund steht, sondern eine Reduzierung der Güter. Aber die Frage der Verteilungsgerechtigkeit bestimmt sie dennoch. Flüchtlinge haben ein Recht darauf hier zu sein, schließlich geht es denen schlechter als uns. Quoten jeglicher Art sollen ebenfalls empfundener Ungerechtigkeit entgegenwirken.

Bei den klassischen Linken ist der Neid auf die die mehr haben der Antrieb, bei den Grünen die Selbstanklage mehr zu haben als andere. Es ist aber das gleiche Ungerechtigkeitsempfinden, bei den Grünen ergänzt durch eine eigene Wahrheitsordnung mit esoterischen Elementen, wie den Gaia-Vorstellungen.

Die Utopie der kommunistischen Linken sieht die Lösung der sozialen Frage in der Überwindung des bestehenden Systems, genau dieses Denken ist nun bei den Grünen vorhanden, nur statt Kommunismus wird eine nachhaltige Ökogesellschaft angestrebt, welche sich natürlich auch nicht im bestehenden System verwirklichen lässt.

Ich halte es für einen Trugschluss, eine Gesellschaft rein auf „Soziale Marktwirtschaft und eine effiziente Verwaltung und Demokratie" bauen zu können. Oder meinetwegen eine vorhandene Gesellschaft nur nach diesen Kriterien zu organisieren. Verbannen wir die Religion aus diesem organisierten Gebilde namens Staat, werden sich Mythen zu Religionen, oder religionsgleichen Gebilden entwickeln. Auch das sehen wir ja geradezu beispielhaft an den sozialistischen Staaten. Meine These ist, dass Menschen nicht ohne Religion sein können, der Religionsersatz, im Mythos erkennbar, nimmt dann diese Funktion ein. Allerdings sehe ich in den monotheistischen Religionen ein Problem angelegt, dass mit dem Anspruch auf universelle Wahrheit und Gültigkeit zu tun hat. Kümmert sich die Kirche nicht mehr um den identitätsstiftenden Mythos und strebt statt dessen eine Machtposition an, in der sie ihre Wahrheitsordnung mittels ihrer Stellung als moralische Instanz autoritär vertritt, sind Konflikte vorprogrammiert.

Die Aufgabe eines Gemeinschaftswesens muss also sein, die Religionen einzubinden ohne ihnen Macht zu geben. Dies ist nicht gleichbedeutend mit der Verbannung der Religion ins Private, was sowieso nicht geht, da sie identitätserklärend ist. Das Problem mit den (monotheistischen) Religionen ist ihre Janusköpfigkeit die sich in den Begriffen Identität und Offenbarung zeigt. Ersteres schafft einen gesellschaftlichen Kitt in Form von Kultur, zweiteres einen Gegenpol zum Pluralismus wenn staatliche Macht damit verknüpft ist.

Der Unterschied zwischen rechter und linker Systemüberwindung liegt darin, dass Rechte der (so wahrgenommenen) eigenen Identität die wahre Bedeutung und Geltung verschaffen möchten, die Linken aber eine neue Identität schaffen wollen. Die Grünen fahren damit voll auf der linken Schiene.

Ich empfinde Identität, also gibt es sie. Das heißt noch lange nicht, dass das erkennen und empfinden von Identität auch bedeutet, die „ideale Lebensweise" zu kennen oder eine „Gleichförmigkeit" anzustreben.

Im Plenum des Bundestages sind regelmäßig weniger Abgeordnete zu sehen als in den TV-Talk-Runden.

Die Faszination für Twitter ist die gleiche wie die für Seifenblasen. Schillernd und schön, wenn Licht drauf fällt. Nur der Moment zählt.

Sicher sollte man differenzieren, dennoch, der Spruch von der rot-grün-versifften Gesellschaft spiegelt ein Gefühl wieder, ist also wahr.

Manche machen schon Fehler beim hin schauen. Manche lügen schon beim hin schauen. Fehler kann ich verzeihen, Lügen nicht.

Kann man Europa, oder gar die EU, mit dem Familiengefühl und dem Familienbedürfnis in Zusammenhang bringen. Die Heimatfremdler schaffen das vielleicht, weil sie auf der Suche nach einer neuen Familie sind.

Hunderte Fälle von Kinderehen unter Flüchtlingen in Deutschland, meldet wallstreet-online.de. Unter diesen Voraussetzungen ergeben rot-grüne Bildungspläne zur Frühsexualisierung noch mal einen ganz neuen Sinn.

Diejenigen die beim Anblick von Flaggen des eigenen Landes, wie nun bei der EM, sich unwohl fühlen, sind Heimatfremdler.

Die Betrachtung der Alltagskultur ist eigentlich ein Blick in die Vergangenheit.

Egal um welche politische Auseinandersetzungen es geht, ob Flüchtlingsproblematik, ob Euro, ob Bildung oder Wirtschaft, egal was, überall sind die Grünen zu Kompromissen bereit. Auch zu sehen daran, dass sie mittlerweile mit (fast) jeden koalieren können. Einzig das Thema Kernkraft ist sakrosankt. Würden sie hier einknicken, vielleicht weil wissenschaftlich-technischer Fortschritt eine neue andere Bewertung der Kernkraft möglich macht, käme es es einer Selbstauflösung der Grünen gleich.

Der Mensch lebt in familiären Strukturen, dort fühlt er sich zugehörig, dort fühlt er sich wohl und geborgen. Aus diesen Strukturen heraus schöpft er seine Kraft. Es muss nicht zwangsläufig eine Familie im biologischem

Sinn sein, sondern auch eine auf emotionaler Basis, die Gleichgesinnte verbindet. Meist gehört dies zusammen, nicht immer. Ist beides nicht gleich, so hat es meist ein Zerwürfnis gegeben, die eine Familie wurde verlassen, eine neue gefunden. Doch das sind die Ausnahmen, die aber auch in der Ausnahme bestätigen, dass es eben die familiären Strukturen sind die verbinden.

Ob Argumente stark oder schwach sind, liegt nicht an deren Qualität, sondern ob sie zur Grundbefindlichkeit des Zuhörers passen.

Jede Zeit pflegt ihre eigenen Bashing-Wörter. »Atheist« war es im 18 Jhd., verwendet von den Gegnern der Aufklärung. »Rassist« ist es heute.

Mein Jüngster, sechs Jahre alt, mag Brokkoli. Muss ich mir Sorgen machen?

Die eigene Moral bei eigenen Statements auszublenden ist nahezu unmöglich, vielleicht auf technischer oder naturwissenschaftlicher Ebene. Diese Ebenen verlassen wir aber bei der Bewertung eines Vorganges. Dann geht es um Werte die aus eigenen oder gesellschaftlichen Weltbildern moralische Aussagen kreieren.

Das Mobilisierungspotential des Bashingwortes »Rassismus« ist marginal.

Fußball im Radio ist Klasse: *„Die Spanier spielen mit vollem Rohr nach vorne."* Kopfkino.

Das Referendum in UK zeigt warum Merkel lieber auf »Bürgerdialoge« als plebiszitäres Element setzt, dort wird nur so getan, als wäre es Demokratie.

Diejenigen der Lemminge, die nicht in Richtung Klippe weiter gehen, werden von den anderen auch als "rückwärtsgewandt" bezeichnet.

Brexit:
Schade, habe keinen Union Jack fürs Autofenster. Mit dem würde ich nun rum fahren.
Erinnere mich gerade an einen Urlaub in den Norfolk Broads (Hausboot). Sollte ich mal wieder machen.

Wo sind die Alternativen zur EU, welche Ordnungen mit welchen Regeln? Ein Diskussion darüber ist überfällig.

Nach der EU kommt eben ein anderes Bündnis, oder

verschiedene Bündnisse, je nach zu organisierender Aufgabe. Wenn die EU nicht mehr ist, heißt das nicht, dass nichts ist.

Schade, daß Sonntag ist, ich würde gern einkaufen gehen. Nicht weil ich was brauche, sondern nur um andere Fußballverachter zu treffen.

In einem Gespräch per Twitter habe ich mal Sven Giegold (Grüne) auf das Demokratiedefizit des EU-Parlaments aufmerksam gemacht, und kritisiert, dass meine Stimme als Wähler nur halb so viel Gewicht hat, wie die eines anderen kleineren Landes. Giegold meinte, das wäre gerecht, weil ja durch die pure Überzahl der Deutschen unsere Interessen bereits stark genug gewichtet sind. Auf meinen Hinweis, dass ich aber keine deutschen Interessen habe, sondern nur persönliche, die ich mit meiner Wahlhandlung zum Ausdruck bringen möchte, aber meine Stimme nur die Hälfte wert ist, meinte er resignierend: „So weit ist Europa noch nicht."

Das bedeutet, zuerst muss eine Identität geschaffen werden, die Pluralismus im Inneren zulässt und nicht von anderen Identitäten überdeckt wird. Gerade Liberale übersehen oft diesen Aspekt im Politischen. Der Grüne Giegold hats offensichtlich erkannt, zugeben tut er es aber nur so »aus Versehen«.

Ich wünschte mir eine rot-rot-grüne Regierung, nur um

einmal dann die blöden Gesichter von Altmaier oder Bouffier zu sehen.

„The farther backward you can look, the farther forward you can see."

(meinte Churchill)

Mike Tysen sei Veganer, hörte ich gerade. Ob das Holyfield auch schon weiß?

Hermeneutik des Verdachtes: Die fragen sich nicht, was das steht, sondern: Was folgt daraus? Was sind die Potentiale? Was sind die Verführungspotentiale?

Juli 2016

Ich verlange eine Resolution zum Massaker der Franken an den Sachsen.

Ich muss W. Herles widersprechen: Sport im Öffentlich-Rechtlichen-Rundfunk ist da genau richtig, damit können sie am wenigsten Schaden anrichten. Sie sollten nur noch über Sport senden.

Das Wunder von Bern, das Wirtschaftswunder, die DMark, dies hätte den Mythos für ein neues Deutschland abgeben können. Vorbei.

Weil die Realität besser erscheint, als die Imagination einer Alternative, ist die Realität also besser und gehört geschützt.

Weil die Realität schlechter erscheint, als die Imagination einer Alternative, muss die Realität verändert werden.

Zwischen diesen Polen bewegt sich das politische Denken. Ich verachte beides mehr und mehr. Der Konjunktiv wird zur Tatsache, kaum jemand macht sich die Mühe einfach nur hinzuschauen was ist, sofort wird es verknüpft mit dem was sein könnte. Pataphysik in Reinkultur.

Einen Lachkrampf bekomme ich regelmäßig, wenn von Verfassungspatriotismus als verbindendes Element gesprochen wird. Wenngleich ich zugeben muss, dass ich selbst lange an dieser Vorstellung fest hielt. Heute betrachte ich es nur noch als ein wichtiges Element, eines von vielen das für ein Gemeinschaftsgefühl sorgen kann. Dies allerdings weniger beim Volk, als vielmehr bei den Eliten. Überspitzt könnte man sogar sagen, dass der Verfassungspatriotismus der Populismus der Eliten ist, gleich danach kommt der Universalismus und der Humanitarismus.

Es hat mit meiner Abneigung gegenüber Sciencefiction zu tun: Als Kind freilich habe ich gerne Jules Verne gelesen, dann die ersten Staffeln von Raumschiff Enterprise angeschaut, also die mit Spock und Captain Kirk, doch dann war es schnell vorbei damit. Ich mag es nicht mehr.

Nicht diese komischen Zukunftsvisionen will ich verstehen, sondern das was passierte, nur an dem was geschehen ist wird man erkennen können.

Wer das Ergebnis von Abstimmungen relativiert, manipuliert oder negiert, versündigt sich am vielleicht einzig Heiligem in der Demokratie. Natürlich dürfen wir diskutieren darüber, warum die jeweiligen Menschen das gewählt haben, was sie gewählt, oder auch nicht gewählt haben. Nur wird eben dabei klar, wie sehr die Manipulierer, die Relativierer, die Negierer, das demokratische System als hinderlich ansehen wenn es um ihre Interessen geht.

Letztlich geht es um die Frage, welche direktdemokratischen Elemente in der Demokratie zugelassen werden. Die Linken haben damit Probleme, sie misstrauen dem Volk, wollen es anleiten und belehren, und setzen dieses vor allem mit Hilfe von Verwaltungen und Medien um, sofern sie dort Macht- oder Meinungshoheit erlangt haben. Haben sie es noch nicht, versuchen sie natürlich zuerst die Institutionen der Gesellschaft zu kapern. Es ist ein hinterfotziges Spiel, wie man so sagt, aber es ist ein Spiel was immer gespielt wird, so sind eben Menschen. Nur ist es den meisten Menschen eher peinlich, wenn sie bei ihrer Hinterfotzigkeit ertappt werden. Nicht so den

Linken, die machen eine Ideologie daraus indem sie Wertigkeit von Stimmen nach Gesinnung relativieren und niedere Beweggründe bestimmten Gruppen unterstellen, hehre der eigenen. Der Ausspruch von der »linken Ratte«, was ja nicht politische Haltung beschreibt, sondern offensichtliche Hinterfotzigkeit, trifft gerade bei denen sehr oft zu, die vorgeben hehre Beweggründe zu haben.

Deutschland hat Europa in den Würgegriff genommen, meint Piketty, weil die ihre Kredite nicht zurück zahlen wollen. Der Typ spinnt.

Wie anders als durch Algorithmen soll künstliche Intelligenz funktionieren? Alle die die meinten Baupläne für menschliches Sein und menschliches Denken entdeckt zu haben, waren Idioten. Auf dieser Basis wird dann künstliche Intelligenz geschaffen. Selten so einen dämlichen Begriff gehört wie: »Künstliche Intelligenz«. Daran glauben können nur Leute, die Suchmaschinenergebnisse für Geistesarbeit halten, und dabei meinen, eigenes lesen, empfinden, leiden und jubeln lasse sich in einen Algorithmus pressen.

Missbrauch von direkter Demokratie ist marginal zum Missbrauch von Macht in der repräsentativen Demokratie.

Heute ist „Internationaler Tag des Kusses"

Papa, gibt es Geister?
Nein!
Doch, doch, doch, doch!
Hast recht, du Quälgeist.

Mir tun die Afdler leid, die sich monatelang um ein Programm stritten, und nun den Scheiß mit Gedeon-Meuthen-Petry am Hals haben. Dieser Streit zeigt mal wieder, dass Personen in der Politik wichtiger sind als Programme.

„Wenn du immer auf mein NEIN gehört hättest," sagte meine Frau gerade, „wären wir längst geschieden."

Bilde ich es mir nur ein, oder ist der momentan stärkste globale Trend das Aufkommen von Anti-Establishment-Narrativen?

Die (west)europäische Einigung nach dem Krieg war an zwei Voraussetzungen gekoppelt: Deutsche Teilung und Kalter Krieg.

Das einzig faszinierende am Fußball ist, für mich, die

Faszination dafür.

„Wenn es dem Esel zu wohl ist, geht er aufs Eis." sagt der Volksmund. Uns Esel ist es eben zu wohl geworden, sieht man nicht nur an der Energiepolitik. Die Verwurzelung mit dem Gegebenen wurde gekappt um schöne Wohlfühlträume leben zu können. Entweder wir wachen auf und verlassen schnell das Eis, oder es wird ein kaltes Erwachen aus den Träumen geben.

Wird das Gegebene, von der Physik über die Ökonomie bis hin zu Mentalität und Charakter, ausgeblendet und verdrängt, wird es sich um so eindringlicher zurück melden je länger und tiefer der Traum ist. Dann gibt es kein sanftes Erwachen, sondern ein brutales. Dann, wenn der Esel im Eis eingebrochen ist, geht es nur noch ums überleben, dann träumt keiner mehr. Vielleicht brauchen Gesellschaften hin und wieder so etwas, damit sie wieder den festen Boden des Gegebenen wertschätzen.

Was erzähle ich nur meinen Kindern? Ich spüre ihre Verunsicherung, sie spüren meine.

Dachte ich früher ans Mittelmeer, war es wie ein süßer Traum. Heute ist es ein Alptraum.

Die Frage ist doch bei den Einwanderern, wem gehört

ihre Loyalität im Zweifelsfall? Dem Herkunftsland oder dem Einwanderungsland?

Wo man auch hinschaut, der Versuch in mehrheitlich islamischen Gesellschaften eine säkulare Ordnung zu schaffen, scheitert(e). Von Demokratie ganz zu schweigen.

Eigentlich bin ich ja kein Freund von Enteignung durch Erbschaftssteuer. Doch wenn ich an den Augstein denke! Hmm?

Ob IS-Bekenntnis oder nicht - völlig belanglos. Islamischer Terror hat sich verselbstständigt und wird Teil einer Subkultur.

War heute mit meinem Jüngsten (6) im Schwimmbad, aber in Gedanken nicht bei der Sache. Betrachtete ihn und fragte mich ob er wohl in ein paar Jahren in den Krieg ziehen muss. Verdammt, wie bekomme ich nur solche Gedanken wieder los.

Haben wir es mehrheitlich mit türkischstämmigen deutschen Staatsbürgern, oder mit einer türkischen Diaspora in Deutschland zu tun?

Wenn es keine einfachen Antworten gibt, kommen die Vereinfacher und kreieren welche.

Wenn Schulen mangels Kinder schließen, aber an jeder Ecke ein Haustier-Shop aufmacht, dann ist die Gesellschaft bereits dekadent.

Pöbeleien haben was mit dem Charakter zu tun. Mit Klarnamenpflicht ändert sich dieser nicht.

Warum mich Politik mitunter so anekelt, wird an den politisch gefärbten Äußerungen zu München deutlich.

Es gab keinen öffentlichen Diskurs innerhalb der eher Konservativen in den letzten zwanzig Jahren. Das wird nun nachgeholt. Vielleicht. Hoffentlich.

Integration ist ein Mythos. Es geht nur Assimilation oder Multikulti, was Separation ist und im friedlichen Fall Koexistenz. Und friedlich bleibt die Koexistenz nur durch Zwang, aus sich heraus ist sie es nicht.

Deutsche Konstante seit 200 Jahren: Suche nach dem Selbstbild.

Auch die Politprominenz muss nun Opfer bringen: Kein roter Teppich in Bayreuth!

Hörte ich früher die Sirene eines Krankenwagen, dachte ich an Unfall oder Herzinfarkt. Es waren unbeschwerte Zeiten, im Rückblick.

Vier oder fünf Schwimmbäder sind im zehn Kilometer Umkreis. Ich wählte nicht das schönste, sondern das mit den wenigsten »südländischen« Besuchern. Bin ich nun Rassist oder nur ängstlich? Egal, mein Verhalten hat sich verändert. Kriterien für Entscheidungen gewichten sich anders.

Tatsächlich verwendet werden Statistiken, wenn sie das Argument für ein Gefühl sind. Statistiken selbst erzeugen selten Gefühle. Rational zu sein, bedeutet für mich, meine Gefühle zu respektieren.

Der politische Mainstream schürt Ängste durch Imagenationen über Klima, Gene, Atom. Andere Ängste, die klaren und realen, diffamieren sie als Hass und Rassismus.

Merkel wirkt nicht mehr eigenständig, sondern wie eine Standarte, hinter der sich vor allem Gesellschaftspädagogen versammeln.

Die CSU könnte die CDU retten, wenn die ihre Sinnkrise nach Merkels Rücktritt/Sturz aufarbeiten muss.

Hotpants bei schönen Frauen haben mir schon immer gefallen, habe gerne hin geschaut. Heute sehe ich dieses Kleidungsstück auch gerne bei den dicken oder weniger hübschen Frauen. Sie verteidigen damit unser aller Freiheit.

Dieser Blick zum Mann: Ist der Bart Style oder Religion?

Die CDU war ein Kind der alten Bundesrepublik, in einer bipolaren Welt verortet. Die neue Bipolarität, die zwischen Islam und der europäischen Welt, dazu gehören auch die Weltgegenden die das europäische Denken übernommen haben, wird von der Union ausgeblendet. Sie hat ihren Platz in der sich gewandelten geopolitischen Lage noch nicht gefunden und sucht ihn auch nicht. Sie spricht lieber von Globalisierung, das wirkt wie die verzweifelte Suche nach einer Rettungsweste auf einem untergehen Schiff. Die alte Bundesrepublik gibt es nicht mehr, sie war ein Kind der Zeit und der Umstände. Freilich lebt sie dem Anschein noch, wie die CDU auch, doch es sind mehr die Institutionen die sie künstlich am Leben erhalten. Und die Erinnerung an etwas was war, an die gegebenen Versprechungen.

August 2016

Es sind wohl die Überreste eines Protestantismus in mir, die verhindern, dass ich auf das Gegebene stolz bin. Wie groß ich bin, welche Haar- oder Augenfarbe ich habe, oder welche Nationalität. Es wurde mir gegeben, ich nehme es an und bin dankbar, manches mag ich nicht. Aber stolz sein kann ich nur auf das Erworbene, nicht auf das Gegebene. Doch wie viel baut das Erworbene auf dem Gegebenen auf, gibt es überhaupt ein eigenes Erworbenes ohne dem Gegebenen?

„Schau mich an, wenn ich mit dir rede"! Bestimmt die meisten von uns haben in ihrer Kindheit diesen Satz gehört, ich selbst habe ihn auch verwendet, meinen Kindern gegenüber. Es ist eine Aufforderung zum Kampf, ausgesprochen von dem der sich seiner Überlegenheit sicher ist.

Dorthin ausweisen, von dem sie sagen, dass sie her kommen. Köstlich wenn das gänge.

Sich gegenseitig beim Frühstück die Träume der Nacht erzählen, der Tag könnte nicht besser beginnen. Die Welt und die Nachrichten haben zu warten, sie sind nicht wichtig.

Früher war der Mensch der Natur ausgeliefert, heute ist es umgekehrt. Dies ist die Kernaussage der Rede vom Anthropozän.

Weltkatzentag und Umweltüberlastungstag gleichzeitig. Ein PR-Desaster für die Ökos.

Die Renate hat halt Angst, dass das rauskommt, was immer raus kommt wenn sie was sagt: Unsinn!

Wenn die Erde wirklich wie ein Raumschiff ist, warum lässt man die die Flugangst haben ans Steuer?

Die Säkularisierung der Türkei seit Atatürk scheint nur oberflächlich gewesen zu sein. Schöner Anstrich, aber ohne Haftung und Wirkung.

Sportveranstaltungen die ich mag: Fischerstechen in Tübingen oder RedBull-Flugtag etc. Alles andere kann mir gestohlen bleiben.

Es gibt Frauen, die putzen lieber die Toilette, als dass sie einen Sitzpinkler als Mann haben. Ich habe mich bei meiner dafür entschuldigen müssen, dass ich es im Sitzen mache.

„Ich war doch in meiner Jugend auch links", hört man oft, quasi als moralische Rechtfertigung. Welche Moral soll das sein? Gibt es eine Moral der selektiven Wahrnehmung?

„Wegen zu lauten Lachens spreche ich Ihnen einen Platzverweis aus", sagte einer der Beamten.

Kann nur von Sloterdijk kommen, diese Wortschöpfung: „Fundamentalismen der Simplifikation."

Japan: „Solarinsolvenzen nehmen zu"

Merkel spricht von der „Solidarität aller Menschen in Deutschland." Ich mag diese Wortwahl nicht und bezweifle die Aussage. Was bedeutet dieses »aller Menschen«? Klar ist nur, sie will das Wort »Deutsche« nicht verwenden.

»Die alte Bundesrepublik, deren Erfolgsgeschichte, wurde torpediert.« Diese Grundhaltung findet sich bei der einen Hälfte der AfD und deren Anhänger und Wähler. Diese sind auch diejenigen, die meinen, mit der CDU, mehr noch mit der CSU, gibt es die inhaltlich größte Gemeinsamkeit; es sind die, die von Merkel aus der Union vertrieben wurden. Landläufig werden sie konservativ genannt. Vielleicht sind es nur Nostalgiker mit Sehnsucht nach einer Zeit der klaren Zuordnungen. Mit den neuen Zuordnungen, den postnationalen (inklusive des liberalen Internationalismus) oder den ökologischen, können sie nicht viel anfangen. Ihre Identität ist eng mit der alten Bundesrepublik und ihren Narrativen verbunden. Nur wurde das nie ausformuliert, lediglich gefühlt. Vielleicht ist es das größte Versäumnis. So entsteht nun eine zweite Dolchstoßlegende, die aber, im Gegensatz zur ersten, nicht so einfach von der Hand zu weisen ist.

Klar lese ich bei Sezession.de mit. Sonst würden mir ja solche Sachen wie die hier entgehen:

„Denn die Kernidee des Universalismus ist ein linearer, globaler und konvergenter Fortschritt einer imaginierten (und unbewußt ethnozentrischen Version der) Menschheit, hin zu einem Zustand der totalen Gleichheit. Oft ohne dass es ihm bewußt wird, wird der Universalismus auf diesem Weg aber schleichend „identitär". Er entwickelt seine Mythen, seine Rituale, seine Geschichtlichkeit, seine Feindbilder. Und er schafft sich – mitten im Profanen – einen „pseudo-sakralen Raum", wie es Mircea Eliade beschreibt."

Ärgerlich dass es das DDR-Klopapier nicht mehr gibt. Diejenigen die der DDR hinterher weinen, sollten nur noch solches benutzen dürfen.

Großes Gelächter im Auto, als ich meiner Tochter erklärte, dass, falls sie sich mal ein Kopftuch aufziehen möchte - gerade liefen auf dem Gehweg ein paar besonders unansehnliche Personen dieser Spezies vorbei – sie auch so einen dicken Hintern wie die meisten Kopftuchträgerinnen bekommt. Na ja, eigentlich mag ich ja dicke Hintern, nur in Kombination mit Kopftuch wird es unangenehm anzuschauen. War mein Ausspruch hinterfotzige Indoktrination? Natürlich war es das, aber es hat Spaß gemacht. Und gelacht haben wir alle.

Geschäftsidee: Supermarkt mit dem Titel: »Hier kein BIO«. Ich würde größere Wege dahin in Kauf nehmen. Peter ergänzte: »Hier mit Genen« wäre auch ganz gut. Stimmt, ob der Schalk der in diesem Spruch sitzt aber verstanden wird?

Ist schon richtig, was Birgit Kelle meint, ein Burkaverbot bekämpft Symptome, nicht die Ursache. Mich stören die vielen Kopftücher viel mehr, bei der Burka ist sowieso alles zu spät, die beachte ich gar nicht.

Ich mag Leistungssport nicht, er erzählt mir keine Geschichten. Nur weil einer in einer bestimmten Zeit eine bestimmte Strecke auf eine bestimmte Art und Weise zurück gelegt hat, oder sonst welche komische Dinge tut, die aber allesamt genormt sind damit man sie vergleichen kann, kann ich nicht in Euphorie ausbrechen. Gäbe es eine Olympiade der Zirkusse, ja die würde ich mir anschauen.

Ich will die Burka nicht verbieten, aber der Burkaträgerin sagen dürfen, dass ich das Kleidungsstück bescheuert finde, sie auslachen dürfen, ohne danach gleich ein Horde von hyperventilierenden Spinnern am Hals zu haben.

Wenn von einem Burkaverbot diese Botschaft ausgeht: „Ihr mit eurer Kultur sei hier nicht erwünscht!" dann solls mir recht sein. Aber gerade dies soll unbedingt vermieden werden und es werden billige Begründungen gesucht, die ein Burkaverbot anders rechtfertigen.

Warum sollte ich Vorräte anlegen? Gleich nebenan ist ein Kleintierzüchterverein.

Heute Mittag die letzte »Junge Freiheit« beim EDEKA erergattert. Scheint sich gut zu verkaufen. Drei mal über Nolte. Interessant.

Klar ist es dämlich Kleidungstücke zu verbieten, doch um Textilien geht es bei der Burka nicht, sondern um Ideologie im öffentlichen Raum.

Im übrigen, auch aus anderen Gründen, bin ich für Schuluniformen.

„Auf den Philippinen hätten diese Leute",
meine Frau meinte die fitten Älteren mit ihren Walkingst-öcken in der Hand,
„die hätten keine Hand frei für Skistöcke im Sommer, sondern hätten Enkel an der Hand."

Anlass für meinen Text über die Mauer waren ja Sloterdijks Ausfürungen zur »Selbstdomestikation« in Zusammenhang mit der »Neotenie«. Den, aus meiner Sicht, wirklich brisanten Satz:
„ ..., dass die Vorstellung von kultureller Prägung des Menschen viel zu kurz greift, nein der Mensch ist durch »seine« Kultur erst so entstanden, es ist nichts Fremdes was man ihm aufgeprägt hat, und vielleicht auch wieder umprägen könnte, sondern es ist Teil seiner Selbst."
den hat bislang keiner aufgegriffen. Eigentlich ist das ja was ganz simples, nämlich dass der Mensch von seiner Umgebung gemacht wird, Prägungen sind damit nicht vergleichbar. Wenn man diese Feststellung weiter verfolgt, dann hat es was Kulturrassistisches. Ich meine das

nicht negativ oder herab würdigend, sondern versuche es auf das Individuum bezogen zu verstehen. Letztlich ist es meine Art zu versuchen zu verstehen, wer oder was ich selbst bin.

Früher habe ich öfters mal vom „kulturellen Befehlsstachel" gesprochen, dazu hatte ich Canettis »Befehlsstachel« weiter gedacht, eben dass man als Individuum eine ganze Kultur als Befehlsgeber begreifen kann, gegen die man Abstoßungskräfte entwickelt, weil sonst die Gefahr besteht, man selbst wird Teil dieser Kultur. Sloterdijk beschreibt nun mit seinen Ausführungen zur Neotenie des Menschen, dass dieser gar keine Widerstandskräfte gegen diese kulturellen Befehle entwickeln kann, sondern dass der Mensch erst innerhalb seiner Kultur entsteht. Der Begriff Prägung, auch kulturelle Prägung, ist deshalb zu oberflächlich. Ob ich wegen dieser Gedanken nun wirklich schon ein Rassist bin? Es kann sicher so gedeutet werden, auch wenn ich nicht so empfinde. Mir geht es ja nur darum zu verstehen was ist und beim Denken darüber will ich mir keine Beschränkungen auferlegen und schon gar nicht auferlegen lassen.

Da Politiker kurz vor Wahlen auf einmal Sätze sagen, die sonst nie über ihre Lippen kommen, zeigt, sie wissen wie ihre Wähler ticken. Nur, dass beruhigt mich keinesfalls, weil es ebenso zeigt, dass sie einen Scheiß auf ihre Wähler geben, sind sie erst mal gewählt.

Tja, lieber Boris Palmer, Ihre Partei ist voller Trittins.

September 2016

Für Linke sind Pläne von existentieller Bedeutung. Jetzt natürlich nicht nur an die allseits bekannten 5-Jahres-Pläne denken, sondern mehr was Diskurse angeht. Wo will ich hin, wie gelingt es mir Menschen zu beeinflussen oder zu überzeugen. Der Sprechakt unterliegt einem Plan. Umsomehr verwundert es, warum die Linken von derzeitigen Sprechakten glauben, nämlich alles was nicht links ist als Nazi oder faschistisch zu diffamieren, das wäre ein guter Plan. Es wirkt recht planlos, aufgeschreckt und konfus. Von Plan keine Spur. Oder wenn es der Plan sein sollte, man müsse nur kräftig diffamieren und denunzieren, um eine vermeintliche Deutungshoheit zu behaupten, dann ist dieser einer Illusion geschuldet. Der Illusion nämlich, dass es diese linke Deutungshoheit wirklich gibt, es ist aber nur eine mediale. Der Sprechplan bezieht sich dann auf eine Imagenation, nicht auf die reale Welt. Daran sind aber auch schon die 5-Jahres-Pläne gescheitert.

Die Lächerlichkeit hat in Form der derzeitigen Regierung Macht über uns. Das ist eine schwer zu ertragende Kränkung.

Natürlich spüren die die anders aussehen, die Ausländer und Flüchtlinge, wie sie von den Deutschen gemustert und begutachtet werden. Jeder Blick der sie trifft ist ein fragender: Was willst du hier? Hast du Böses vor? Bist du ein Flüchtling? Das ist nicht angenehm, doch was sollen die Deutschen machen? Nachdem ihre einstmals vertraute Umgebung immer unvertrauter wird, sind sie gezwungen einzuschätzen, von wem und was Gefahr ausgeht. Den eigenen geschützten Raum brauchte der Deutsche nicht erkunden, er kannte ihn und vertraute auf seine Sicherheit. Aus dieser Sicherheit heraus konnte er neugierig sein. Auf das Andere, auf den Anderen. Steht aber der geschützte Raum in Form der vertrauten Umgebung nicht mehr zur Verfügung, ist es schnell Essig mit der Neugierde. Das Bedürfnis nach Sicherheit ist größer.

Und so setzt sich eine Spirale in Gang. Der Ausländer der sich ständig beobachtet sieht, sucht nun seinen geschützten Raum unter seinesgleichen, und diese Separierung macht dann die Deutschen noch misstrauischer. Sie fühlen sich nun selbst beobachtet und begutachtet.

Die Politik, nicht nur, hat mit den Vertrautheiten der Menschen gespielt, ihre geschützten Räume, ihre Heimat, als nicht wichtig erachtet und damit diese Spirale in Gang gesetzt. Universalistisches Denken war der Anfang dieses Verrates der geschützten Räume, da man glaubte eigene geschützte Räume im globalen Maßstab mit idealistischen Wertvorstellungen bauen zu können. Die Politik griff nur diese Gedanken auf, es war so schön von universalistischen Idealen zu träumen und zu glauben, eine wunderschöne Idee entwickle ihre eigene Kraft durch die Imagination von Freiheit des Individuums von den nahen Zwängen.

Ich träume diese Träume immer noch, im Traum gestatte ich es mir naiv zu sein.

Zumindest etwas habe ich aus dem jämmerlichen Zustand in dem sich Klimablocks und die in ihnen geführten Diskussionen befinden, gelernt. Nämlich dass das Thema eigentlich bei den Interessierten durch ist. Sie haben ihre Positionen gefunden und führen lediglich rituell anmutende Auseinandersetzungen weiter. Weniger aus Lust am intellektuellen Streit, als mehr am Ritus.

Niemals werde ich Sprechverboten zustimmen. Mögen auch Wörter unpassend oder gar entlarvend sein. Wörter sind wie Bücher oder Gedanken, sie mit einem NoGo Bann zu belegen ist mindestens unsouverän.

Das Auswärtige Amt 1980 über die Türkei:
„Die Erkrankung des Landes ist so weit fortgeschritten und die Entwicklung in der Region so dramatisch ..."
(Gefunden bei L.I.S.A)

„Ich halte das für gut, das ist ein Vorschlag von mir."
Horst Seehofer

Universalismus als »Planetarisierung der Glückssuche?«

Dagegen: »Verhäuslichung und Identität als Sinnsuche?«

Niemals fahre ich freiwillig irgendwo nach Niedersachsen, nicht solange dort überall Windräder rum stehen.

„Merkel muss doch nur zugeben, dass sie 2015 im Zustand moralischer Umnachtung eine Fehlentscheidung nach der anderen gefällt hat."
Michael Spreng schreibt das, und glaubt es sei Satire, aber irgendwie klingts ganz real.

„Wenn wir den Krieg verlieren, sind wir Kriegsverbrecher,"
so in etwa General Curtis LeMay in Hinblick auf die Bombardierungen deutscher und japanischer Städte.
„Indem sie die deutschen Städte bombardierten, wussten die Alliierten auch, dass sie die deutsche Identität zerstören konnten."
sagt Giorgio Agamben dazu. Die Glücklichen sind keine Deutschen und können so was sagen und denken, ohne dass sofort ein Sturm der Entrüstung über sie herein bricht.

Für die Materialisten: Kinder gehören zur Humaninfrastruktur einer Gesellschaft.

Selbstbestimmte Identität ist ein Mythos. Ausnahmen gibt es.

Wer sind diese 72 Jungfrauen, haben die mal gelebt, haben die einen eigenen Charakter, oder sind die nur so was wie Gummipuppen?

Noch mal Agamben:

„Im Mittelalter wusste man wenigstens, dass eine Einheit verschiedener politischer Gesellschaften mehr bedeuten muss als eine rein politische Gesellschaft. Damals suchte man das einigende Band im Christentum. Heute glaube ich, dass man diese Legitimation in Europas Geschichte und seinen kulturellen Traditionen suchen muss. Im Unterschied zu Asiaten und Amerikanern, für die Geschichte etwas ganz anderes bedeutet, begegnen Europäer ihrer Wahrheit immer im Dialog mit ihrer Vergangenheit. Vergangenheit bedeutet für uns nicht nur Kulturgut und Tradition, sondern eine anthropologische Grundbedingung. Wir können zur Gegenwart nur archäologisch vordringen, indem wir mit unserer Geschichte ins Reine kommen. So wurde die Vergangenheit für uns eine Art Lebensform. Europa hat zu seinen Städten, seinen Kunstschätzen, seiner Landschaft einfach eine besondere Beziehung. Hieraus besteht Europa recht eigentlich. Und hierin liegt das Überleben Europas."

(Interview in der FAZ)

Der Jüngste (7) droht gerade seinen drei Schwestern, dass er nie wieder mit ihnen kuscheln würde. Ha, er hat schon begriffen was wirkt.

Danke für die zwei Euro mehr an Kindergeld. Diese Erhöhung konsequent von Geburt bis zur Volljährigkeit gespart, gibt auch einen Montbancfüller.

Air China:

„London ist sicher, aber in Gegenden, in denen viele Inder, Pakistanis und Schwarze wohnen, sollte man vorsichtig sein"

Beim Schreiben unterbrochen zu werden, ist wie beim Sex gestört zu werden. Man kann später nicht einfach da weiter machen wo man war.

Was unterscheidet Altmaiers Sprechen von den Lobreden der Speichellecker in Diktaturen?

Immer noch habe ich volles Haar, noch nicht mal grau ist es geworden, nur die Barthaare. Viel lieber wäre es mir aber, ich hätte noch alle Zähne und dafür die Haare verloren.

Ich muss in Bildern sprechen um zu verdeutlichen was ich meine. Der Baummensch ist sozusagen vom Charakter ein Mitläufer der Wurzeln bekommen hat. Er hat sich seinen Platz nicht ausgesucht, das kann er nicht, sein Bestreben ist zu überleben und glücklich zu sein innerhalb seiner unmittelbaren Umgebung. Fragen nach Folgsamkeit oder Akzeptanz stellen sich ihm nicht. Er nimmt das an was er vorfindet und macht das Beste daraus. Er ist ein durch und durch unpolitischer Mensch.

Grüne in MV sind jetzt da wo sie hingehören, in einer Liga mit FDP und NPD, was die Wählerstimmen angeht. Wenn ich ne Tiefkühlpizza im Ofen aufbacke, schmeckts den Kindern nicht. Machts die Mutter, sagen sie: Hmm, lecker.

Das Technium macht dieses »begrenzte eine Erde Gerede« bedeutungslos. Es wirkt aus sich heraus wie eine Naturkonstante, die, im Gegensatz zu allen universalistischen Ideen, keine Ideologie benötigt um wirksam zu werden. Es werden Effekte auftreten, die einer „Multiplikation der Erde" gleich kommen.

Noch mal zum Mitläufer. Vielleicht hat der ein besonderes Gefühl für gesellschaftliche Atmosphären und passt sein Leben danach an? Massenkristalle helfen dann als Orientierungspunkt. Ist die AfD bereits an einem Punkt angelangt, dass sie als Massenkristall wirkt und Mitläufer anzieht?

„Ich habe eine große Hoffnung: Die Technik. Die Technik ist praktizierte Philosophie."
(Eugen Biser, kath. Religionsphilosoph)

Wenn Trump gar nicht gewinnen will, dann ereilt ihm nun das Pech, die Hillary als Gegnerin bekommen zu haben.

Oktober 2016

Die (Selbst)Demontage des Westen ist, dass ihm das Abendland peng ist.

Ganz schön was los im Pazifik, ein Taifun nach dem anderen.

Schön, immer mehr Auflagen für die Hausbauer, wir haben ja sowieso viel zu viel Wohnraum.

Hillary hat den Drang die ganze Welt zu beglücken, der

Donald will das nur mit Amerika tun. Beglücker sind mir suspekt.

Das Rückgrat der CDU war die Bonner Republik. Die gibts nicht mehr, somit hat die CDU auch kein Rückgrat.

Insekten. Niemals hätte ich mir als DreiKäseHoch träumen lassen, damals als ich die Meuterei auf der Bounty las, dass wenn ich heute an die Tropen denke, nun nach dem ich sie kennenlernen konnte, sofort an Insekten denke. Die Moskitos, Tausendfüßler, Ameisen, fliegendes und krabbelndes und kriechendes Getier. Die Tropen sind immer noch mein Sehnsuchtsort, seit Kindertagen, doch sie sind in der Realität nicht ohne Insekten zu bekommen.

Aber ist diese Assoziation hin zu »Blut und Boden« nicht eigentlich eine Konditionierung des Denkens? Mann muss nicht an »Blut und Boden« denken, »Kultur und Tradition« ist in Verbindung mit Volk passender.

Umvolkung ist sehr treffend, in Verbindung mit dem Begriff der Frontiers wird es noch klarer was vorgeht.

Es gibt keine verbrannten Wörter, wenn sie einen Vorgang treffend beschreiben. Wortverbote sind Denkverbote.

November 2016 bis
Januar 2017

Burke, männlich, und ein Geburtsdatum. Mehr steht nicht in dem Dokument, was wohl so was wie eine Geburtsurkunde ist, und mehr weiß der Held der Krimi-Reihe von Andrew Vachss von seiner Herkunft nicht. Er hat keine Ahnung wer seine Eltern sind, offensichtlich ausgesetzt von einer Prostituierten, ohne jede Informationen unter welchen Umständen er das Licht der Welt erblickt hat, oder vom Vater. Von Geburt an ein Ausgestoßener, je älter er wird, je mehr nimmt er es an, stößt sich selbst von der Gesellschaft aus. Nur seiner Familie traut er, alles durchgeknallte scheinbar gestrandete und doch stolze Typen, die von Konventionen nichts halten, sondern ihr Ding durchziehen. Seine Familie ist eine selbst gewählte, seine biologische kennt er ja nicht.

Diese Wahlfamilie der besonderen Art: eine Transe, ein taubstummer mongolischer Krieger, ein vorpubertärer Stricher, sowie ein verkapptes Genie, der ihm seine Lebensphilosophie lehrte: Überleben.

Sloterdijk meint, dass der Mensch durch seine Neotenie, also quasi Frühgeburtlichkeit, Instinkte durch Autoritäten ersetzt hat. Die Autoritäten wiederum sind kulturell bedingt. Das ist aus einer Rede und gibt gerade mal 35 gedruckte Seiten und ist dementsprechend verdichtet. Ich hoffe er schreibt noch mal ein ganzes Buch darüber. Vor allem, weil ich mit ein paar Aspekten nicht einverstanden bin, und darauf hoffe, dass S. sich in einem Buch besser erklärt. Gerade dieser Verlust von Instinkt und dafür Hinwendung zur Autorität ist mir suspekt. Denn bei mir war das immer anders, ich habe Autoritäten, auch der Kultur, misstraut und meinen Instinkten geglaubt. Der Brutkasten der Kultur ist möglicherweise falsch und in Wirklichkeit mehr einer der Familie. Aber das muss ich erst mal nur so dahin gestellt lassen, weil ich selbst keine Antwort auf meine Fragen habe. Vielleicht bin ich ja auch nur ein kultureller Mutant.

1983 im Notaufnahmelager Gießen war eine Befragung der geflüchteten Ossis durch den Verfassungsschutz obligatorisch. Habe gerne geholfen. Hauptsächlich ging es wohl darum Infos zu sammeln und um Spione und UBoote zu entdecken. Wäre heute auch nötig.

Und der nächste Literaturnobelpreis geht an Trio:
    „Da Da Da. ..."

Was ist faktisch an der Behauptung, dass wir in einem Zeitalter des Postfaktischen leben. Klingt wie der antike Spruch über die Kreter.

Ich kaufe keinen Bob Dylan, Joan Baez oder wie die Bänklesänger alle heißen. Vielleicht ists ja gute Literatur, die Musik jedenfalls mag ich nicht.

Klimakonferenz für Kindergartenkinder! Gibts wirklich, kein Witz. Eltern wehrt euch! Erziehung ist eure Aufgabe, nicht die des Staates. Sexualfrüherziehung im Kindergarten, Klimabrimborium und und und. Die Kinder werden mit Ängsten geimpft die ihnen das Kindsein rauben.

Politik, Politik, Politik, es nervt nur noch. Verschließen gegenüber dem was geschieht kann ich mich nicht, es erscheint mir zu wichtig, aber die Beschäftigung mit der Politik wird mir immer unangenehmer. Ich sollte nicht mehr bloggen oder twittern, oder wenigstens mal eine mehrmonatige Auszeit nehmen. Die Gedanken werden vergiftet durchs Widerwärtige - das will ich nicht mehr.

Irgendwann korrumpiert alles, nichts bleibt rein. Die Ideale der Jugend haben ihre Jungfräulichkeit verloren und schlafen sich nach oben. Mit jedem gehen sie ins Bett, lassen sich bezahlen, bezahlen selbst wenn das Vorteile verspricht.

Eine Prügelei habe ich früher riskiert, wenn ich angegriffen wurde. Heute kneife ich den Arsch ein, weil keiner mehr prügelt sondern gleich messert.

Der Konvertit verachtet die Verbesser. Er war ja mal ein anderer, dort wo er war gibt es nichts zu verbessern, es ist von Grund auf falsch.

Die politische Kaste der Universalisten ist auf dem absteigenden Ast, die universellen Werte (egal wie man zu ihnen steht) werden regional umgedeutet und relativiert, etwas was den Eliten ein Dorn im Auge ist. Der Liberalismus hat damit auch ein Problem.

Die sogenannten Volksparteien haben diesen Spagat zwischen universell und regional eigentlich immer hinbekommen, zwischen Werten und Identität. Doch seit einiger Zeit nicht mehr, die Weltrettung, das universelle wurde dominierend. Die prägende Nähe, sowas wie Heimat, Volk, Identität, musste als Bedrohung angesehen werden. Jedenfalls wenn man die Narrative nicht in den großen universellen Kontext stellen kann.

Ich glaube, dass der gegenwärtige Wandel in der politischen Öffentlichkeit viel grundsätzlicher ist, als meist angenommen. Meine Vermutung stütze ich auf die Tatsache, dass dieser Wandel eben in vielen verschiedenen Ländern gleichzeitig erfolgt. Wäre es nur Europa, dann würde sich eine Fülle von Erklärungen anbieten, nur es betrifft die gesamte westliche oder östliche Welt, also muss es etwas sein, was in allen diesen verschiedenen Ländern gleichermaßen wirksam ist.

Haltet durch ihr Liberalen! Nein, das meine ich nicht in Bezug auf eine Partei, schon gar nicht der FDP. Bei der denke ich weniger an liberal als mehr an Beliebigkeit in der Praxis. Mehr an Steigbügelhalter als an Reiter. Nein, ich meine die Theoretiker unter euch, die die liberale Ideen und Ideologien entwickeln, dabei die Gegenwart ausblenden und mehr an zeitlose ideelle liberale Werte denken. An die Freiheit, die Selbstbestimmung, die Pluralität und was sonst noch alles Gutes gibt, was man mit dem Liberalismus in Verbindung bringen könnte.

Ein schöner Sonntag: Küche blockiert, da Kinder Plätzchen backen. Mittagessen im Asia-Imbiss geholt.

Der Höcke hatte mal eine Obergrenze von minus 200.000 gefordert. Wird mir immer sympathischer dieser Mann.

Weihnachten ist eine schlechte Zeit für die Heimatfremdler.

Die besonders Empathiefähigen missverstehen ihre Gabe oft so, als wäre sie bereits eine Leistung.

Nicht das was ich geschrieben habe offenbart, wer oder was ich bin, sondern das was ich noch nicht geschrieben habe, das was noch rumort.

Werde ich es schaffen, in meinen Nachkommen nicht weiter leben zu wollen, ihnen kein Vermächtnis mitzugeben?

Meine Kinder schlafen, ich habe ihnen die Stirn geküsst. Musste jetzt sein.

Selbstverteidigung wird wichtiger, doch was ist das »Selbst«?

Oh wie habe ich das Pfaffengeschwätz satt. Kann am Heilig Abend nicht mal in die Kirche gehen, will mir Weihnachten nicht verderben.

23:30 Uhr. Gerade noch rechtzeitig gelesen, heute ist Welt-Orgasmus-Tag. Wird knapp, also fürs Vorspiel keine Zeit.

Imaginärer Sehnsuchtsort der Deutschen: Mischung aus Tannhäuser, Walter von der Vogelweide und Ludwig Erhard.

Ich als Gruppe gibt es nicht.

Bei der ersten Wahl des Reichstages nach dem ersten

Weltkrieg lagen die beiden hauptsächlichen liberalen Parteien, die nationalliberalen und die linksliberalen, bei zusammen rund zwanzig Prozent. Danach ging es bergab, bei der letzten freien Wahl, vor der Ernennung Hitlers als Reichskanzler, waren sie fast verschwunden. Es ist das Problem des Liberalismus, nicht zu erkennen wenn die Zeit zum kämpfen gekommen ist. Vor allem aber, scheuen sie sich vor der Art des Kampfes der zur Selbstverteidigung notwendig ist. Er wäre ihre Selbstverleugnung. Das ist das wahre Dilemma der Liberalen.

So langsam komme ich mir wie ein Schmarotzer vor, indem ich nur beobachte und kommentiere, aber nicht kämpfe. Kämpfe für die Freiheit.

Nach dem Chaos, nach dem Untergang, werden die Liberalen gebraucht, als Orientierung für die Neuordnung. Ist die Ordnung geschaffen, verlieren sie sich in der Bedeutungslosigkeit oder korrumpieren sich.

Ich habe noch Hoffnung, geht gar nicht anders, ich habe Kinder, hoffe auf sie.

Februar 2017

Die Deutschen hatten eine Brückenkultur zwischen Osten und Westen (Sloterdijk), dies ist bei der Gründung der Bundesrepublik ausgeblendet worden. Die Westintegration war also ein Stück weit Selbstverleugnung.

Immer wieder höre ich die Menschen wie sie das Wort Demokratie aussprechen, und doch nur ihre Moral meinen. Nur die eigene.

Es war im Sommer, eine Fliege hatte sich ins Auto verirrt. Der Jüngste wollte sie fangen, tot schlagen. „Papa! wir dürfen die Fliege nicht mitnehmen, ihre Familie ist nicht hier!" Irre: Besser tot als Trennung von der Familie. Nur Kindermund?

Natürlich muss über Konzepte zur Remigration diskutiert werden. Was sonst. Die Alternative ist Umvolkung.

Verkehrswende, Agrarwende, Energiewende. Dieses viele Wenden verursacht nur Drehschwindel, den Zustand vorm auf die Nase fallen.

Besinnt sich die USA mehr auf sich selbst, wird in Europa die deutsche Frage virulent. Nur die Deutschen haben Angst davor.

Artet der Liberalismus zum Humaitarismus aus, ist er bereits identitär geworden.

Der oft mit dem Patriotismus einhergehende Pathos schreckt mich ab. Muss dieser Pathos sein?

Hass, ich höre immer wieder Hass. Ich will und kann nicht hassen, habe Angst vor der Blindheit die durch den Hass entsteht. Bevor ich hasse, verachte ich lieber.

Es gibt natürlich eine Angst vor dem Chaos, vor der Unordnung, etwas was immer in Umbruchzeiten entsteht. Man weiß nicht, wie es genau weiter geht. Eingespielten Mechanismen der Macht, die eine Illusion der Kontinuität des Bisherigen aufrecht erhielten, wird nicht mehr getraut.

Jede Ordnung, egal wie ungerecht sie auch empfunden wird, scheint immer noch besser als die Anarchie des Chaos. Vielleicht spielt diese Angst mit hinein, die des Sklaven vor seiner Freiheit, die ihn dann verantwortlich für sein tun macht.

Wie geht man mit Empörten um? Befindet sich jemand in diesem Zustand, nimmt er keine Rücksicht auf politische Korrektheit, die Befindlichkeiten des Andersdenkenden. Es bricht aus ihm heraus wie im Streit unter Eheleuten, die sich über einen langen Zeitraum vieles nicht sagten, auch aus Angst heraus, Porzellan zu zerschlagen, Brüche herbeizuführen die nicht mehr zu kitten sind.

Andererseits ist dieser Zustand einer der besonderen Ehrlichkeit, die vielen kleinen Lügen und Schmeicheleien, die wir immer benutzen, vor allem um den Kitt des Zwischenmenschlichen nicht zerbröseln zu lassen, fallen weg.

Nach den Regeln dieses Landes ist Steinmeier völlig korrekt gewählt worden. Wir müssen die Regeln ändern.

Meine Frau ermahnte unsere Töchter, die Nähe von Flüchtlingen zu meiden. Normale höfliche Umgangsformen könnten falsch verstanden werden.

Der Jüngste (7) kommt von der Schule nach Hause. Im Flur, der ist etwa zehn Meter lang, fliegt weg was ihn stört. Mütze, Schuhe, Schultasche, Turnbeutel, Jacke … . Auf jeden Meter Flur liegt nun was, sieht aus wie eine gelegte Spur. Seine Mutter läuft ihm hinterher, hebt alles auf, und küsst ihn. Ob sie weiß was sie anrichtet?

Das Problem an der Subversivität des Sponti-Stils ist, wenn er aus der Richtung des Establishments kommt, wirkt er nur noch hilflos. Er karikiert sich dann sozusagen selbst.

Unsere Zeit ist gekennzeichnet von der Suche nach der Verwurzelung der Menschen. Diese ist aber extrem komplex und individuell.

„Da man nicht imstande war, was Recht ist stark zu machen, hat man gemacht, daß das Starke Recht sei."
(Blaise Pascal)

Natürlich hat Trump einen Fremdschämfaktor. Er kotzt das Unverdauliche aus. Schön ist das nicht, aber vielleicht notwendig.

Globalisierung im Plural denken: Globalisierungen!

Wird Sexualität oder Ernährung mit Moral verknüpft, haben wir es meist mit einer Religion zu tun. Vielleicht ist diese Verknüpfung nur eine Technik um Misstrauen gegen eigene Instinkte zu schaffen, also ein Moral-Instinkt-Konflikt. Wer Macht will, muss auch die Instinkte beherrschen, nur die Moral schafft das.

Die Unterdrückung in der DDR war zweifach: Klar und subtil. Für die die das Subtile damals nicht bemerkt haben, erschien das System durchschaubar.

Wer als ExDDRler die Unterdrückung damals und heute gleichsetzt, hatte sich im System eingerichtet.

Institutionenethos bedingt die Unterdrückung von Instinkten.

Das »Gefühl der Nichtzugehörigkeit« kenne ich gut, fühle mich aber nicht denjenigen überlegen die Zugehörigkeit empfinden.

Aufgeblasenes Dummschwätzertum ist kein Grund jemanden einzusperren. Gegenrede ist genug.

Eine Nebenwirkung von Globalisierungen ist, dass Menschen mehr nach ihren Wurzeln suchen, weil die nicht mehr selbstverständlich sind.

März 2017

An meine Schulzeit erinnere mich nicht gerne, vom ersten bis zum letzten Tag habe ich diese Polytechnische Oberschule (Standard in der DDR) gehasst. So gut wie alle Erinnerungen die ich daran habe, rufen bis heute Unwohlsein hervor. Es waren zehn Jahre Folter. Später wollte ich nicht mehr daran denken was da geschah, was mit mir gemacht wurde, wie sich meine Abneigung gegen den Kollektivismus zur Phobie auswuchs und auf alles was derart daherkommt ausbreitete. Selbst Fußballvereine wurden mir schon suspekt, ja sogar die Kirche, obwohl ich dort Halt in einer alternativen Weltsicht fand.

Sag mir wer deine Freunde sind, und ich ich sage dir wer du bist! Das sagte mein Vater oft - und er hatte, wie so oft, Unrecht.

Die die da »Refugees Welcome« rufen, sehen nicht so aus, als ob sie die dann Kommenden auch ernähren und Obdach geben könnten.

Ich bezweifle, dass allein aus dem Logos (Verfassungs)Patriotismus entstehen kann.

Es tut weh, nun Kinder zum Misstrauen erziehen zu müssen, was aber als Selbstschutz notwendig ist.

Und ich muss meine Frau zum shoppen begleiten, weil die sich nicht mehr alleine traut. Das ist nicht lustig!

Klimakanzlerin, Flüchtlingskanzlerin, Europakanzlerin, Merkel scheitert bei allen Dingen die sie sich auf die Fahne schreibt.

„Schulz ist ein Medienkonstrukt."

Norbert Bolz

Besuch von Merkel bei Trump wegen Schneesturm an der Ostküste abgesagt. Dabei wollte sie ihm doch den Klimawandel erklären.

Ist eine Diaspora groß genug, kann sie sich Jahrhunderte lang halten. Beispiel: Deutsche an der Wolga, im Banat oder Siebenbürgen. Heute sehen wir das bei den Einwanderern in Deutschland ebenfalls, eigentlich ist das der zu erwartende Fall, und nicht die Integration. Das

Multikultikonzept klappt(e) nirgendwo. Entweder Assimilation oder Diaspora. Natürlich geht noch die Selbstaufgabe.

Bei manchen Leuten, die zu lange in der Politik sind, passen Mimik und Worte nicht mehr zusammen.

Die Mehrheit wartet halt noch darauf, dass die Richtigen das Richtige sagen. Das Richtige muss auch der Richtige sagen, wenn es der Falsche tut, wird ihm Falschheit unterstellt.

Linke Utopien sind in den grünen Utopien aufgegangen, in der globalen und zeitlichen Überdehnung von Solidarität und Verteilung.

>*Sorry« ist der kleine Bruder von »Stell dich nicht so an«!*

(Bernd das Brot)

„*Es gibt ein faschistisches Element, nicht nur innerhalb der deutschen Linken, sondern auch in den USA. Jede politische Ideologie die Rechte missachtet und die Unterschiede zwischen Menschen nicht berücksichtigt, empfinde ich als falsch, egal wie man sie nennt.*"

(Frank Zappa)

Warum Assimilation statt Integration? Weil Integration ein Mythos ist!

Ich habe dieses schicksalhafte Geworfensein immer empfunden, fühlte mich als Fremdkörper in der DDR.

Wie oft wohl habe ich in den letzten Tagen das Wort "Messer" gelesen? Veränderungen im Land sind auch in den verwendeten Wörtern erkennbar.

Gute Frage von Marc Joly: Verdrängt die Soziologie die Philosophie?

Die "Retter" sind ins Geschäftsmodell der Schlepper einkalkuliert, und sie wissen das. Also sind sie auch Schlepper.

78, oh je. Damals hatte ich nur eine kleine uralte Schwarz-Weiß-Glotze. Aber immerhin Westfernsehen und Radio. Damals habe ich meine Mitmenschen in RIAS-Hörer und Bayern3-Hörer unterschieden und letztere nicht für voll genommen.
Was Er zu sagen hat, ist sicher wichtig und interessant, nur, soll Er auch über mich bestimmen dürfen?
Das ist eine andere Sache, da es dann auch um Ungesagtes geht.

Wenn Heimat nicht mehr der geschützte Raum für Identität sein kann, wird sich dieser Raum in einen Raum für Kämpfe entwickeln.

Der neue »Paul Auster« in der Bücherecke im Supermarkt. Hat mich gefreut das zu sehen.

Es ist nicht so wichtig, etwas als erster zu sagen. Wiederholungen können sogar stärker wirken, wenn der richtige Zeitpunkt gewählt ist.

April 2017

„Politische Korrektheit ist Sprachpolitik, und zwar in einer extrem totalitären Art und Weise."

(Norbert Bolz)

Es ist völlig egal was de Maizière oder die Union verkündet oder beschließt, wenn es opportun erscheint, schmeißt Merkel sowieso alles um.

In Arte liefen vier Filme über Napoleon - oh, wie ich diesen Typen verachte, der der Europa vereinheitlichen und vereinen wollte.

Ich nahm Nietzsche, Kant und Freud zur Kenntnis, mehr nicht. Eigentlich tue ich das mit den meisten Denkern. Manche, wie Hesse, verachtete ich, das tue ich bis heute. Wenn mir was gefiel, dann war es DADA. Hier wurde mir die Sinnhaftigkeit des Lebens klar, oder dessen Sinnlosigkeit. Je nach Tagesform.

Lastenfahrräder in Stuttgart? Die Stadt hat eine Höhendifferenz von fast 350 Metern. Viel Spaß.

Von der Endlichkeit der Ressourcen gehen die Ökos aus. Wenn sie das nur beim Thema Zuwanderung beherzigen würden.

Wer von der Links-Rechts-Querfront spricht, hat die Form-Inhalt-Unterscheidung ausgeblendet.

Ich würde ja gerne wieder in die Kirche eintreten, nur so wie die sich derzeit darstellen, kann ich es nicht tun. Ha, aber geheiratet habe ich trotzdem in der Kirche, aber eben in der Philippine Independent Church. Nach philippinischem Recht, dass heißt: Keine Scheidung! Zumindest dort.

Sorry, dieser Papst hat einen an der Waffel. Spricht von "Das nennt sich Selbstmord" wer Grenzen schließt.

Das Dilemma der Anarchisten: Nach der Zerstörung der bestehenden Ordnung, bildet sich eine neue, meist inhumanere Ordnung. Die Freiräume die sich Anarchisten schaffen wollen, werden immer von neuen Ordnungen in Besitz genommen.

Ich war noch nie in Polen, obwohl ich schon davon geträumt habe. Genauer gesagt von Schlesien, von einem Dorf Namens Preilsdorf, das liegt wohl nicht so weit weg von Breslau. Welchen Namen es heute trägt weiß ich nicht. Es sind die Geschichten meiner Mutter, die die ersten Jahre ihrer Kindheit dort verbrachte, die sich offensichtlich in meine Träume geschlichen haben. Warum tun die das, können Träume von Person zu Person wandern? Offensichtlich ja, nur wie geschieht das?

Wenn ich Doppelpass höre, will ich in Zukunft nur an Fußball denken müssen.

Als Kind trug ich an mehr Tagen ein Pflaster, als ohne. Knie, Ellenbogen, Stirn, irgendwo.
    Auf welche Verletzungen sind heutige Kinder stolz?

Luthers Aufruf an die Kirche war: Zurück zu den Wurzeln des Christentums. Heute wird für den Islam eine Reformation gefordert, in der Hoffnung, den Islam an eine säkulare Gesellschaft anzupassen. Doch ein „back to the roods" bedeutet im Islam etwas ganz anders, als der gleiche Aufruf im Christentum. Der Islam müsste sich gewissermaßen neu erfinden um sich einer säkularen Gesellschaft anzupassen und hätte dann mit seinen Wurzeln nicht mehr viel zu tun.

Der Kulturkampf ist im vollen Gange. Gestern wünschte meine Frau, wahrscheinlich ohne groß darüber nachzudenken, einer türkischen Kollegin „Frohe Ostern." Die fasste es als Beleidigung auf, und belehrte in aggressivem Ton, dass sie Muslima sei und kein Ostern feiere.

Was sagt es über Deutschlands Ängste oder Hoffnungen aus, wenn der Finanzminister beliebtester Politiker ist? Das betrifft ja nicht nur Schäuble, auch in der Vergangenheit genossen Finanzminister oft große Beliebtheit.

"Amerikaner tun am Ende immer das Richtige. Nachdem sie vorher alle anderen Möglichkeiten ausprobiert haben."

(Winston Churchill zugeschrieben)

Warum will jemand, der keine Kinder hat, die Zukunft gestalten? An was denkt er, wenn er es tut? Es muss was narzisstisches sein. Vielleicht ist das Bedürfnis, ein Vermächtnis weiter leben zu lassen, bei denen größer die keine Kinder haben.

Vielleicht bin ich altmodisch, aber ich traue niemanden übern Weg, der sich an verheiratete Frauen ran macht.

Diese Angst: Beim ausblasen der Kerzen auf der Geburtstagstorte, könnte ich versehentlich die Zahnprothese auf den Kuchen spucken! Nur meine Frau und meine Kinder waren anwesend, ich hätte es wagen können, meinen durch Alter und Krankheit bedingten Verfall des Körpers mittels Selbstironie die Ernsthaftigkeit zu nehmen. Ich habe mich nicht getraut, die Zähne blieben im Mund. Jedes Alter hat seine Schamhaftigkeiten.

Das Sein der Anderen, ihr Dasein, es kommt mir so vegetativ vor. Meins auch.

Die düsteren Gedanken passen so gar nicht zum nun beginnenden Frühling. Eigentlich meinte ich, meine übliche Winterdepression beginnt sich mit den nun steigenden Temperaturen, der wieder lachenden Sonne, den Blütendüften und dem Vogelgezwitscher, in der nun lauen Luft auf zu lösen. Doch ich denke an den Tod, ich fühle ihn, wie er immer irgendwie im Raume steht, wie ein Vertrauter der mich zu einen Termin abholt, es aber nicht so eilig hat. „Nur keine Hektik, wir haben doch Zeit. Vielleicht möchtest du noch dieses oder jenes erledigen, mach es nur, ich setze mich in der Zwischenzeit auf dein Sofa," sagt der Tod zu mir. Manchmal scheint er einzunicken, doch das täuscht, der Tod schläft nicht, er möchte nur nicht aufdringlich erscheinen. Verschwinden wird er nicht mehr.

Wenn meine Frau nicht mehr allein shoppen gehen will, ich sie wegen der allgemeinen Unsicherheitslage begleiten soll, dann ist bei mir die Belastungsgrenze für Toleranz erreicht.

Der NPD den staatlichen Geldhahn zudrehen ist nicht schlecht. Schön wäre es, es würde alle Parteien treffen.

Aus der Kirche bin ich ausgetreten, einer Partei gehörte ich noch niemals an, nicht mal einem Sport- oder Gesangverein. Es liegt wohl an meiner Phobie gegenüber jeglichen Kollektiven oder Gemeinschaften.

Die Verwunderung darüber warum sich die AfD gerade mal wieder in interne Streitigkeiten verliert, ist leicht zu begreifen. Im Grunde hat es mit der CDU zu tun, die einen möchten so was wie eine bessere CDU, so eine wie sie mal war, bevor sie Vermerkelt wurde. Die anderen haben genau davor Angst, wie die alte vergangene CDU zu werden, weil die Nachkriegszeit vorbei ist, die Probleme heute andere sind.

Mai 2017

Wie stehts um die Fundamente? Was sind meine Fundamente? Ich weiß es nicht! Diese Fragen sind berechtigt, grundsätzlich. Es wird darüber gestritten, auf welchen Fundamenten unsere Gesellschaft überhaupt aufgebaut ist. Doch es ist offensichtlich, das Haus steht, auf welchen Fundamenten auch immer. Kann man die austauschen ohne die Stabilität des Hauses zu gefährden?

Was die einen als Geborgenheit in der Identität empfinden, ist für andere eine Vereinnahmung.

Honoré Gabriel de Mirabeau aktualisiert: „Andere Staaten halten sich eine Verwaltung, in Deutschland hält sich die Verwaltung einen Staat." Er schrieb von Preußen und dem Militär, egal.

Politisches Cabaret war selbst in der DDR regierungs- und gesellschaftskritischer als es in der BRD derzeit ist.

Wenn ich heute eine Städtereise planen würde, es wären nur Kleinstädte auf der Route. Großstädte sind mir zu arrogant.

„White Monkeys" schrie der Flüchtling gestern auf dem Aldiparkplatz und pisste demonstrativ in die Hecke. Vielleicht war er betrunken, ich weiß es nicht. Die Menschen gingen vorbei, zu ihren Autos, und beachteten ihn nicht weiter. Ich auch, und lächelte. Ob die paar Dutzend Leute, die das gestern miterlebten, es mit den schönen Reden in TV & Co. in einen Topf bringen würde mich interessieren. Nur eine hörte ich sagen: „Oh Gott, was passiert mit Deutschland?"

So wie früher so manche Philosophen empört waren, dass man nicht auf sie hörte, so sind es heute die Naturwissenschaftler. Diese Kränkung ertragen sie schlecht und es entwickeln sich Machtphantasien. Darin sehe ich die größte Gefahr für sie.

Kämpfe wie ich sie mag. Auf meiner Lieblingsinsel im Mittelmeer. Auf Gozo konkurrieren zwei Opernhäuser miteinander.

Nein ich bin nicht von der SPD enttäuscht, das geht gar nicht, ich war nie links, auch in jungen Jahren nicht.

Nun muss ich ein wenig über mich selbst schmunzeln: Bin ich etwa Anarchist, oder Libertärer, weil ich das Individuum so über das Kollektiv setze? Ein bisschen sicher, mehr aber ein Individualist auf der Suche nach seiner Identität. Und die gibt es eben nicht ohne die Prägungen der Heimat.

Zum Nachtisch Wackelpudding.
„Lustig, der ist ja so schwabbelig wie dein Bauch,"
sagt der Kleine zu mir. Danke auch.

Jetzt wird es völlig bekloppt: Rangliste von Bundesländern, wie deren Bewohner zu Naidoo stehen.

Ich zähle die Medien zu den Institutionen, und die sind gekapert, ganz im Sinne Gramscis »kultureller Hegemonie«. Wobei das »gekapert« nicht verschwörungstheoretisch gemeint ist. Es liegt in der Natur jeder totalitären Bewegung diese »kulturelle Hegemonie« anzustreben. Das ist sozusagen ihre innere DNA. Der Pluralismus muss also ständig verteidigt werden.

Gestern sinngemäß von einem Ex-Grünen aufgeschnappt:
»Es gibt in Deutschland drei politische Hauptströmungen: 1. Die Konservativen, 2. Die Sozialisten, 3. Die Liberalen. Die Ökologisten sind nicht selbstständig

und immer in Verbindung mit 1-3.«
(sinngemäß, da beim Zappen im TV aufgeschnappt und vergessen welcher Sender). Das finde ich eine interessante These.

Ich tendiere zur Unterscheidung von Heimat und zu Hause. Die Heimat kann man sich nicht aussuchen, es ist Schicksal oder Vorsehung, Heidegger würde wohl vom Geworfensein sprechen, dass uns an Menschen und Orte bindet und uns Heimat ist und prägt.

Das zu Hause ist allerdings etwas anderes, es hat mit eigenem Willen zu tun und was ich mir als zu Hause gebe. Ich denke diese Unterscheidung wird viel zu wenig vorgenommen.

Es komisch, dort wo man meinen Dialekt spricht war ich nie heimisch, die Sprache hat mein Heimatgefühl nicht berührt.

Vielleicht ist aber alles auch ganz anders.

„Zivilgesellschaft" ich mag es nicht mehr hören, warum spricht man nicht einfach von den „Bürgern"?

Politische Korrektheit entsteht nicht aus Respekt, sondern ist das Gegenteil, Respektlosigkeit gegenüber dem

Denken. Geländerdenken nannte es Hannah Arendt.

„Selbst heute, im Zeitalter von Satelitenkommunikation und Internet, leben Milliarden in engen, lokalen Verhältnissen, denen sie weder real noch mental entkommen können. Nur privilegierte Minderheiten denken und handeln «global».“

(Jürgen Osterhammel)

Ich brauche den Pluralismus, nur für mich selbst, da ich heute so und morgen anders bin. Ohne ihn, müsste ich mich morgen selbst verachten.

Ich nehme generell niemanden ernst, der das Wort »reaktionär« als beschreibende Abwertung anderem/n gegenüber verwendet.

Sollte die AfD irgendwann an der Macht sein, werde ich sie bekämpfen. Bis dahin unterstütze ich sie.

„Die deutsche Form der Revolution ist die Denunziation.“

(Gottfried Benn)

Immer wieder kreisen in letzter Zeit meine Gedanken

um das Thema »Heimat und Identität«. Ich bringe den Staat, ein Staatsgebilde, da einfach nicht mit rein, immer stört es mich. Was soll daran identitär sein, es sind die einzelnen Aufgaben des Staates, die Verwaltung, die Organisation des Zusammenlebens, und nicht zuletzt die Verteidigung der Heimat, die seinen Charakter ausmachen. Er ist somit Institution, oder ein Mischgebilde aus Institutionen, geschaffen für die Heimat und das Individuum gleichermaßen.

Die 68er sind und waren nicht das Problem, sie waren Protest. Erst die 70iger wurden richtig eklig, die Strategien zur Machtübernahme begannen zu greifen.

Bürger schaffen sich die Institution Staat, der entwickelt ein Eigenleben und macht den Bürger zum Untertan.

Der Altvater Jakob sprach:
>*Es ist wertvoller, Fremdling zu sein, als Fremde aufzunehmen.*«
(Weisheit der Väter)

"Das Christentum ist keine moralische, sondern eine mystische Religion."
(Eugen Biser)

„Krieg und Hass hat es immer gegeben, doch der Koran hat es geschafft, den Hass zur Tugend zu erheben."

(Hamed Abdel-Samad)

Die Deutschen hatten sich in der Nachkriegsordnung gemütlich eingerichtet, diese Gemütlichkeit ist nun vorbei, dabei hängen sie doch so sehr an ihr, sie wollen sie sich nicht nehmen lassen.

Lindner hier, Linder da, basteln etwa die Medien an einem "Lindnerzug" für die FDP?

Auch das Christentum begann mit einem Wahrheitskrieg, den zwischen Paulus und Jakobus. Ein Wörterkrieg nur, ohne weltliche Macht. Kommt diese ins Spiel, wirds blutig. Immer. Kann der Islam ohne weltliche Macht gedacht oder geglaubt werden, bei seiner blutigen Entstehungsgeschichte?

Er gefällt sich in seiner Selbstverliebtheit als Empörer. Nicht als Empörter, den spielt er lediglich. Selbst empört ist er nur, wenn andere seinen Blick für Empörungswürdiges anzweifeln.

Er will der Tropfen sein, der das Fass zum überlaufen bringt, nicht einer der vielen zuvor, die nun keine Tropfen mehr sind, sondern nur noch Wasser, nur noch Masse.

Juni 2017

Wenn »Ehe für Alle« nur die Ehe betreffen würde, es wäre mir egal. Doch es geht um eine Neukonstruktion des Begriffs »Familie«, die dann der beliebigen Interpretation preisgegeben wird, sowie dem Zugriff der jeweilig Regierenden.

Ehe für alle ist ein Angriff auf die Institution Familie, sie wird zur reinen Versorgungsgemeinschaft herabgestuft. Verwurzelung, Identität, Tradition, alles nur noch Deko.

Nachrichtensprecher hatten früher so was wie ein Pokergesicht, es war nicht zu erahnen, was sie über die verkündeten Nachrichten dachten. Heute liefert deren Mimik bereits den Kommentar und eine Erklärung wie wir die Nachricht bewerten sollen. Von der Betonung ihrer Worte ganz zu schweigen.

„Trump ist vielleicht zum Lachen, aber Merkel
zum Kotzen!"

Ralf aus MV

Geradezu zärtliche Blicke glaubte ich zu erkennen, auf den letzten Videos die Helmut Kohl zeigten und wie er zu seiner Frau Maike schaute. Was die beiden verband weiß ich nicht, Zärtlichkeit war dabei. Hat es was zu bedeuten?

Das (West)Europa der Zukunft wird man sich wie ein großes Sarajevo vorstellen können.

Was Israel betrifft, da bin ich parteiisch. Ich bin ein Fan dieses Landes und der Zionismus ist eine legitime und richtige Sache.

Zitat aus einer Rezension über Radkaus Geschichte der Zukunft: „Es kommt immer anders, als man denkt. Futurologie, Technikfolgenabschätzung, Prognosen, Visionen – alles hinfällig."

Ich kann auch mit »Moderne« und »Postmoderne« nicht viel anfangen. Keine Definition überzeugt mich, auch die Abgrenzungen nicht. Höchstens: Erstere ist ein säkulares Heilsversprechen, zweites ein mythisches. Aber Heilsversprechen sind sie beide.

Es gibt Worte die ich hasse, weil sie anmaßend sind. Die die sie benutzen blasen sich auf.

Journalisten heute sind wie Uhrmacher, sie können verstehen wie die Rädchen ineinander greifen, wie was auf was in der Mechanik wirkt. Sie wissen wie die angezeigte Uhrzeit entstanden ist. Doch was die Zeit selbst ist, das wissen sie nicht. Mechaniker denken nicht über so was nach.

Werte, Überzeugungen und Leitkultur höre ich die Leute sagen; mir kommen solche Beschreibungen vor, als wenn Schaufensterpuppen erklärt werden. Ich aber will Milieus und Mentalität begreifen, Schaufensterpuppen haben so was nicht. Menschen schon, und sie sortieren sich danach.

„Kleinbürgerlich" gilt geradezu als Schimpfwort, dabei sind es die Kleinbürger, die in einer Gesellschaft die Rolle einnehmen, die ein Unteroffizier in der Armee hat. Sie pflegen ihr Milieu, auch die Tradition, und sind in die örtlichen Lebenszusammenhänge eingebunden.

Werte, Überzeugungen und Lebensstil sollen die Einwanderer übernehmen, das ist die Rede von der Leitkultur. Doch diese ist eine Kopfgeburt und blendet die Milieus aus. Können Einwanderer hiesige Milieus nachbilden? Nein, sie schaffen sich eigene. Oder integrieren sich in hiesige, das aber nennt man aber Assimilation.

Er schäme sich fast es zu sagen, offenbarte sich mir der Freund vor 30 Jahren, er könne keine Romane mehr lesen, das Lebens selbst schreibe bessere Geschichten, man müsse nur die Biographien sehen. Seine ist ein Roman. Ob er auch die Geschichten des Lebens hätte lesen können, ohne die Romane zu kennen, frage ich mich heute?

Mit den Büchern lesen ist das so ein Ding. Auf mindestens sechs Langstreckenflügen (meist Singapur oder Hongkong) hatte ich Musils »Mann ohne Eigenschafen« dabei. Gelesen habe ich aber irgendeinen Krimi, den ich mir in der Flughafenbuchhandlung kaufte.

Ich liebe Autobahnkirchen, sehe da fast nur Leute die nicht da zu Hause sind, sondern unterwegs zu ihrem Ziel, doch kurz Rast machen, sich besinnen. Sie sind da anders, diese Menschen, als wenn sie am Ziel sind.

BRD und DDR waren Sphären mit dem Wunsch nach Geselligkeit, die nur partiell von Sphären der Grundüberzeugungen gestört wurden. Seit die Grundüberzeugungen größere Bedeutung bekommen haben, flüchtet der Wunsch nach Geselligkeit in einen universalen Rahmen, zum Nachhaltigkeitsideal. Dort, eigentlich eine Sphäre der Grundüberzeugung, kann sich die Geselligkeit wieder einrichten. Es ist ein imaginärer Raum entstanden, in dem sich Geselligkeit und Grundüberzeugung nicht mehr widersprechen. Im Begriff Nachhaltigkeit sind somit nun Romantik, Ideal und Ideologie vereint. Sollte die Lebenswirklichkeit die Geselligkeit aus dieser Dreieinigkeit vertreiben, wird sie sich eine neue Heimat suchen. Der Wunsch nach Geselligkeit wirkt politisch, ist selbst aber unpolitisch.

Ich hatte keine Schlüssel mehr, keine Wohnungsschlüssel, keine Autoschlüssel, nichts mehr, nur ein Ticket nach Fernost in der Tasche. Hier war ich nicht mehr, dort noch nicht angekommen. Diese Stunden habe ich als gefühlte absolute Freiheit in Erinnerung.

Momentan lese ich meist Bücher wieder, also solche die ich schon mal las. Manchmal sind diese Wiederholungen spannender als das erste mal, vor allem wenn viel Zeit dazwischen liegt. Ich spüre die Veränderung, was ich damals und was ich heute fühle.
Ich halte mich fern von den Wissenden, sie wollen mir meine Fragen beantworten, verstehen aber nicht was ich sage. Sie reden bevor sie meine Fragen verstehen. Außerdem will ich nicht wissen, was andere wissen, sondern welche Fragen sie haben.

Ich war immer neidisch wenn meine Frau das Baby stillte. Beide so glücklich in diesem Moment der Aufeinanderbezogenheit.
Boris Groys meint, und das gar nicht negativ: „Liberalismus und Rechtsstaat sind ihrem Ursprung nach reaktionär.“

Wem traue ich zu, den Kampf mit den grün unterwanderten Institutionen aufzunehmen? Diese Frage stelle ich mir immer vor einer Wahl.

Die evangelische Kirche hat das Paradies nicht im Spirituellen gelassen, sondern neu konstruiert und an Gaia verscherbelt.

Die Kirche, nicht nur die evangelische, betet nicht mehr zu Gott, sondern zu Gaia. Sie ist zu einem esoterischen Verein geworden.

Ich sah ein Mädchen vorüber gehen. Sie sah glücklich aus, glücklich in ihrer Welt, die eine ist, die mir verschlossen bleiben muss.

Tibis Leitkulturbegriff krankt an Rousseau, Adorno und Kant. Kein Wunder, dass ich mich damit nicht anfreunden kann.

Juli 2017

Diejenigen die sich die schönen Welten am Horizont,

oder gar noch dahinter, in den schillerndsten Farben ausmalen, merken oft nicht, dass sie mit beiden Beinen kniehoch in der Scheiße stehen. Die Nähe, das was jetzt und hier ist, interessiert sie nicht, nur Imagination in die Ferne zählt.

Was gut für Deutschland ist, oder gar für die Menschheit, weiß ich eigentlich nicht. Ein paar Gewissheiten habe ich zwar, einige Erklärungen, doch die stehen schon oft genug im Widerstreit mit dem, von dem ich glaube, das gut für mich ist. Dies herauszufinden ist schon schwierig genug.

Um ehrlich zu sein, vor einem Terroranschlag habe ich persönlich eher weniger Angst. Die eingewanderte alltägliche Kriminalität verändert das Lebensgefühl hierzulande sowieso viel mehr als der Terror. Vor allem wenn ich an meine Töchter denke.

Jörg Biallas, Chefredakteur der Wochenzeitung "Das Parlament", die vom Deutschen Bundestag herausgegeben wird, meint, dass es in Deutschland keine Demokratiekrise geben würde. Nur das Volk sei halt manchmal ein bisschen dumm. Na ja, wörtlich hat er das nicht gesagt, sondern sich so ausgedrückt:

„Wer mehr plebiszitären Elementen auf Bundesebene
das Wort redet, muss berücksichtigen, dass viele weg-
weisende und objektiv richtige Entscheidungen der ver-

gangenen Jahrzehnte nicht zustande gekommen wären,
wenn sich das Parlament nach dem Willen des Volkes
gerichtet hätte."

Man lernt nie aus, nun wissen wir also, dass wenn sich der Bundestag nicht nach dem Willen des Volkes richtet, dies ein besonderes Qualitätsmerkmal der Demokratie ist.

Eine Studie kritisiert die Medien in Flüchtlingsberichterstattung. So weit so gut und richtig, nur, das ist nur die Spitze des Eisberges. Die „Losungen der politischen Elite" werden doch in fast allen Politikfeldern übernommen, Energiepolitik, Euro und und und.

„Da nämlich in den grossen Städten die Dinge vielfach
falsch und flüchtig seien, so sei da auch die Literatur
häufig falsch, flüchtig oder oberflächlich."

(Giacomo Leopardi)

Das trifft, meines Erachtens, nicht nur auf die Literatur, sondern auf jegliche Geistesarbeit oder Kunst zu.

Sie reden von der Nachhaltigkeit, vom Bewahren des Gegebenen, aber nur partiell, nur für die Phänomene die ihnen gerade passen.

Normalerweise lese ich Wahlprogramme, bei der CDU mache ich mir die Mühe allerdings nicht. Ist eh egal was da drin steht. Solange Merkel dort bestimmt was geschieht, kann man sich sowieso auf nichts verlassen.

Weiß der Geier, welche Kehrtwendungen aus dem Augenblick heraus sie wieder vornimmt.

Früher habe ich die gewählt, die den Begriff »Freiheit« gut beschreiben konnten. Heute wähle ich die, die das nicht so gut können, dafür aber bereit sind, für die Freiheit zu kämpfen.

„Nur Kinder gehorchen. Wenn ein Erwachsener gehorcht, dann unterstützt er in Wirklichkeit die Organisation oder die Autorität oder das Gesetz, die Gehorsam verlangen."

(Hannah Arendt)

Quentin Quencher

 Geboren 1960 in Glauchau, Sachsen, wuchs Quentin in der ehemaligen DDR auf, die er 1983 verließ. Seine Heimat war es nicht, die er verlassen hat, er war nie heimisch dort. Auch der Westen, oder das wiedervereinigte Deutschland wurde ihm nie ein Zuhause. Immer ist sein Blick der eines Außenstehenden. Hier wir dort, Heute wie damals. So ist er ein Vagabund zwischen den Welten, immer das in Frage stellend, was als Selbstverständlichkeiten in Gesellschaften angenommen wird. Nach mehrjährigem Aufenthalten in Asien lebt er heute mit seiner Familie in Baden-Württemberg.

Texte von Quentin Quencher erscheinen regelmäßig in seinem Blog Glitzerwasser und auf der Achse des Guten.

Bisher von Quentin Quencher als Buch erschienen:

Deutschland in der Pubertät

Betrachtungen
BoD (Books on Demand) 2016
280 Seiten
ISBN 978-3-7392-3377-2
€ 22,00

Der Wald, die Deutschen und die DMark

Betrachtungen
BoD (Books on Demand) 2014
208 Seiten
ISBN 978-3-7357-2511-0
€ 22,90